Armin Bonelli

3 Streifen
4 Ringe
1 Apfel

Warum unser Gehirn die Lieblingsmarke für einen Freund hält, warum wir anders kaufen, als wir denken, und andere verblüffende Einblicke in die Welt der Marken

Armin Bonelli

3 Streifen
4 Ringe
1 Apfel

ueberreuter

1. Auflage 2024

ISBN 978-3-8000-7865-3

MIX
Papier | Fördert gute Waldnutzung
FSC® C014138

Cover: Armin Bonelli
Satz: Carl Ueberreuter Verlag
Druck und Bindung: Finidr s.r.o., Český Těšín

www.ueberreuter.at

INHALTSVERZEICHNIS

VORWORT............6

ERSCHEINUNG............10
Kleine Shirts, große Logos......13
Ein Club für alle Fälle.....16
Symbole, Helden und Legenden.....19

ENTWICKLUNG............28
Die Marke geht eigene Wege.....32
Der nächste Hype.....44
Markenstores erobern die Stadt.....48
Die Zukunft wartet nicht.....51

ORIENTIERUNG............58
Entscheidungen und andere Irrtümer.....61
Verwirrung im Regal.....67
Das Etikett bleibt dran.....72

ZUGEHÖRIGKEIT............80
Dabei sein ist alles.....84
Moderne Stämme.....92
Marken sagen, wer wir sind.....99
Feinde und Rivalen.....104

BEZIEHUNG............112
Marken mit Persönlichkeit.....114
In einer festen Beziehung.....118
Verliebt in eine Marke.....121

SEHNSUCHT............128
Quäle mich, dann kauf ich dich.....136
Marken und andere Fälschungen.....143
Luxus für alle.....152

MANIPULATION............156
Und immer lockt die Marke.....159
Die maskierten Verführer.....165
Jetzt geht's ans Selbstgemachte.....170
Wollen wir manipuliert werden?.....173

RELIGION............176
Glaube, Marke und Hoffnung.....180
Symbole, Tempel und Visionen.....184
Heilige, Propheten und Versprechen.....193

DIE 10 MARKENTYPEN............200

Vorwort

Ich gebe zu, ich lasse mich leicht ablenken. An der Kasse im Lebensmittelmarkt betrachte ich gedankenverloren den Inhalt des Einkaufswagens, den der Mann vor mir aufs Förderband legt. Während normale Menschen wie Sie, liebe Leserin und lieber Leser, ihren Einkaufszettel überprüfen und ihre Kreditkarte bereithalten, male ich mir aus, wie das Leben der anderen Kunden aussehen mag. Erwartet die Frau, die hinter mir in der Schlange steht, Gäste? In ihrem Wagen liegen vier Packungen Knabbergebäck und drei Flaschen Prosecco. Ich male mir aus, wie ihre Wohnung eingerichtet ist. Was wird sie später ihren Freundinnen erzählen? Vielleicht die Geschichte von dem eigenartigen Typ, der sie beim Einkauf beobachtet hat. Damit Sie, liebe Leserinnen und Leser, keinen falschen Eindruck von mir haben: Ich bin nicht verrückt. Zu meiner Rechtfertigung muss ich sagen, dass mir die Angewohnheit, die Menschen um mich herum zu beobachten, oft gar nicht bewusst ist.

Wir sind, was wir kaufen. Zumindest behauptet das ein Artikel, den ich neulich in einem Freizeit-Magazin gelesen habe. Ist das wirklich so? Lassen die Produkte, die wir kaufen, Rückschlüsse auf unsere Persönlichkeit zu? Kann man anhand der Symbole, die wir tragen, auf unsere Lebensgewohnheiten schließen? Verraten die Marken, die wir zur Schau stellen, sogar etwas darüber, wer wir gern wären?

Ich werde in diesem Buch anhand von Erlebnissen im Alltag ergründen, welche Bedeutung Marken in unserem Leben und in unserer Kultur haben. Dazu möchte ich Psychologen, Anthropologen und Hirnforscher zu Wort kommen lassen. Von ihnen will ich erfahren, wie wir mit unserem Steinzeitgehirn ein Shopping-Center betreten, um uns dort wie urzeitliche Jäger und Sammler zu verhalten. Ich werde erforschen, wie wir Markensymbole zur Orientierung im Alltag nutzen, wie wir mit Logos signalisieren, welchem Stamm wir angehören, und wie manche Marken sogar zur Religion wurden.

Zuvor möchte ich Sie gern zu einem kleinen Versuch einladen: Gehen Sie demnächst an einem warmen Tag auf einer belebten Straße spazieren und zählen Sie, wie viele Markenlogos Ihnen auf der Kleidung der Passanten begegnen. Sie werden verblüfft sein, wie viele Menschen den Namen eines Unternehmens, mit dem sie im Grunde nichts zu tun haben, groß auf ihrer Kleidung tragen.

Marken begegnen uns überall. Beim Aufwachen sehe ich als Erstes auf mein Smartphone, bei dessen Kauf ich mich für eine Marke entscheiden musste. Schlaftrunken trapse ich ins Badezimmer und greife zur Zahnpasta – einer Marke. Dann öffne ich den Kühlschrank, wo mich etliche Markenartikel anlächeln. Sogar Früchte, die eigentlich auf Bäumen wachsen, geben sich markenbewusst: Chiquita, Jaffa und San Lucar. Ich steige auf mein Fahrrad, vielleicht ins Auto, in jedem Fall eine Marke. Manchmal nehme ich die U-Bahn, wo mir unzählige Menschen mit ihren Markensymbolen begegnen. Bis zum Ende des Tages werde ich Tausende Marken gesehen und einige davon gekauft haben. Marken begleiten uns auf Schritt und Tritt.

Es gibt auch Menschen, die machen sich nichts aus Marken. Sie sehen sich als rationale Entscheider, die sich nicht von den süßen Versprechen der Marken manipulieren lassen. Aber auch diese Menschen treffen den Großteil ihrer Entscheidungen mit einem Teil ihres Gehirns, das in der Steinzeit unseren Vorfahren die besten Überlebenschancen gesichert hat: unserem emotionalen Zentrum, dem Limbischen System. Mit diesem können wir zwar nicht denken, aber es regelt unseren Antrieb.

Ich möchte in diesem Buch nicht darüber urteilen, ob Marken sinnvoll oder überflüssig sind, ob sie unser Leben verbessern oder uns auf hinterlistige Weise das Geld aus der Tasche ziehen. Marken sind längst zu einem kulturellen Phänomen geworden, so wie Kirchtürme oder Verkehrsampeln, und sie werden uns wohl noch einige Zeit begleiten. Ich werde Ihnen, liebe Leserin und lieber Leser, die Entscheidung überlassen, was Sie von Marken halten. Ich möchte lediglich über dieses eigenartige Phänomen berichten, das die Menschheit hervorgebracht hat.

Über Marken wurden viele Bücher geschrieben. Sie alle wenden sich an Unternehmer, Verkäufer und Marketingfachleute. Sie versprechen Anleitungen, wie man eine starke Marke aufbaut, wie man ein unwiderstehliches Produkt entwickelt und wie man die Wahrnehmung der Kunden verstehen und steuern kann.

Das vorliegende Buch ist vermutlich das erste, das die Wirkungsweise von Marken für Menschen wie Sie und mich beschreibt. Ich habe dieses Buch für alle geschrieben, die sich für das Thema interessieren: für Konsumenten, Bürger, Eltern, Jugendliche und Lehrer. Kurzum: für Menschen.

Im letzten Kapitel möchte ich Ihnen die „10 Markentypen" vorstellen. Ich habe diese Typologie in den letzten Jahren zusammen mit meiner Frau Jasmin entwickelt, um unser Verhältnis zu Marken besser zu verstehen. Wir wollten erforschen, warum Menschen so unterschiedlich auf Marken reagieren, warum manche Menschen einer Marke treu bleiben, der schon ihre Eltern vertraut haben, wie andere Menschen Marken als Belohnung erachten und wieso einige kaum auf Marken reagieren. Zu diesen 10 Markentypen haben wir einen Online-Test entwickelt, der Ihnen in wenigen Minuten sagt, zu welcher Gruppe Sie gehören.

Und jetzt – ganz egal, welcher Markentyp Sie sind – wünsche ich Ihnen gute Unterhaltung und natürlich spannende Erkenntnisse mit diesem Buch!

Armin Bonelli
Wien, im Februar 2024

ERSC HEIN UNG

„Sie sind hier!“

—Heather O'Rourke in „Poltergeist“, 1982

Was Kleidung mit großen Logos über uns aussagt, wie wir zu Fans werden und was ein mittelalterlicher Wettstreit mit Marken gemeinsam hat

In dem Film „Zurück in die Zukunft" strandet der junge Marty McFly nach einer unbeabsichtigten Zeitreise in den 1950er-Jahren. Dort trifft er ausgerechnet auf seine Mutter Lorraine, die im gleichen Alter ist wie ihr zeitreisender Sohn heute. Auf Martys Unterwäsche findet sie den Schriftzug „Calvin Klein" und nimmt an, dass es sich um den Namen des geheimnisvollen Jungen handelt. Sie nennt Marty fortan Calvin und die Zuschauer erwartet ein Feuerwerk an Verwirrungen, wie es eine klassische Zeitreise mit sich bringt. Regisseur Robert Zemeckis macht sich in dieser Episode über eine Modeerscheinung lustig, die in den 1980er-Jahren aufkam: Marken wurden groß sichtbar auf die Kleidung gedruckt. Mittlerweile spielen Marken bei jungen Menschen eine enorm wichtige Rolle. Dies zeigt sich deutlich in der Shell-Jugendstudie, die Daten über die Einstellungen von Jugendlichen und jungen Erwachsenen zu Markenbekleidung erhoben hat. 77,5 Prozent gaben an, dass sie Markenkleidung als besonders wichtig erachten, während nur 22,5 Prozent meinten, dass Marken für sie nicht wichtig seien. Im Fokus der Jungen stehen Kleidung von Marken wie Nike und Adidas sowie Mobiltelefone.

Als ich Ende der 1960er-Jahre geboren wurde, gab es praktisch keine Markenlogos auf der Kleidung, abgesehen von ein paar kleinen Krokodilen auf den Tennishemden älterer Herren. Jedoch gerade einmal 15 Jahre später prangten „Champion" und „Nike" in riesigen Lettern auf meinen Pullovern. Wie kam es dazu? Als Kind trug ich Strumpfhosen, die ich von einer älteren Cousine oder einem mir unbekannten Vetter geerbt hatte. Ich bin überzeugt, dass niemand mehr wusste, wer sie schon aller getragen hatte. Wenige Jahre später sollte sich mein Leben ändern. Mit nur neun Jahren entwickelte ich erstmals ein deutliches Markenbewusstsein, mit dem ich meine Eltern überforderte. Anfangs beschränkte sich mein Fokus auf Turnschuhe der Marke Adidas, aber bald schon war ich nicht mehr bereit, Bekleidung ohne drei Streifen zu akzeptieren.

Warum tragen wir Kleidung mit übergroßen Schriftzügen von Unternehmen, mit denen wir überhaupt nichts zu tun haben? Auf T-Shirts finden sich zahlreiche Logos und Symbole, wie die von Musikgruppen, fiktiven Superhelden oder eben Marken. Kleidungsstücke mit großen Symbolen sind ein modisches Statement und ein Mittel, um persönlichen Stil auszudrücken. Das Tragen solcher Kleidung kann dazu dienen, sich zu einer bestimmten Gruppe zu deklarieren oder umgekehrt von der Masse abzuheben und die eigene Persönlichkeit zu betonen.

Das Logo ist nicht gleichbedeutend mit der Marke, es ist lediglich deren Symbol, das die Identifikation und Wiedererkennung der Marke ermöglicht. Logos dienen als visueller Einstiegspunkt in die Marke. Sie können Namen, Initialen, Symbole und Bilder enthalten und oft werden Elemente des Logos mit dem Produkt verknüpft, wie das Adidas-3-Streifen-Detail, die vier Ringe von Audi oder der Apfel von Apple. Auffällige Logos sind heute ein häufiges Attribut der Mode. Obwohl dieser Trend relativ jung zu sein scheint, lassen sich seine Ursprünge weit in die Geschichte zurückverfolgen. Symbole auf Flaggen und Uniformen halfen, Freund von Feind zu unterscheiden und mithilfe mittelalterlicher Wappen konnte man Ross und Reiter identifizieren. In England und den USA zogen diese Wappen in das Reich der Schulen und Universitäten ein. Sie wurden auf Ruderkleidung und Schuluniformen gestickt.

Der Mode-Journalist Kyle Thibodeaux erklärt in der *Gentleman's Gazette*, wie Logos in die Mode Einzug hielten. Denn lange Zeit wurden sie diskret auf Etiketten im Innenfutter versteckt. Einige Produzenten wie Louis Vuitton begannen bereits im späten 19. Jahrhundert, ihre Logos auf Koffern sichtbar anzubringen. Seit der Zwischenkriegszeit wollten viele Tennisfans René Lacostes ikonisches Krokodil auf dem Polohemd tragen.

Kleine Shirts, große Logos

Doch erst durch neue Druckverfahren in den 1960er-Jahren wurden grafische T-Shirts populär. Sie fungierten als Andenken an Konzerte oder Reisen und wurden als Ausdruck der eigenen Individualität und Kreativität angesehen. In den späten 1970er-Jahren begann mit Rap und Hip-Hop eine Ära des auffälligen Konsums, die Markennamen explizit nannte. Studien zufolge wird die Marke Gucci in den Texten dieser Genres am häufigsten genannt. Dieser Trend folgte einem bereits etablierten Werbetrend der 1980er- und 1990er-Jahre, bei dem Unternehmen den Wert ihrer Marke zusätzlich zu ihren Produkten betonten.

In den 2000er-Jahren erlebte die Haute Couture einen Hype, als Modehäuser wie Versace, Gucci und Louis Vuitton auf markante Logos setzten. Unternehmen brachten in immer kürzeren Intervallen neue Produktlinien auf den Markt und überraschten mit ungewöhnlichen Kooperationen wie Adidas mit Gucci, Louis Vuitton mit Supreme oder Film mit Fendi.

Logos haben eine tiefe Bedeutung, wenn es um die menschliche Psychologie geht. Aktuelle Studien zeigen, dass die Größe von Logos auf Männerkleidung mit dem Interesse an Beziehungen in Verbindung steht. Demnach sind Männer, die große Logos tragen, offenbar weniger an langfristigen Beziehungen interessiert. Der Psychologe Daniel Kruger von der Universität Michigan erläutert in einem Artikel aus dem Jahr 2021, dass große Logos sekundäre männliche Geschlechtsmerkmale nachahmen. In der Studie wurden den 300 Teilnehmern je zwei T-Shirts gezeigt, eines mit einem großen Logo und eines mit einem viel kleineren Ralph-Lauren-Logo. Anschließend wurden ihnen verschiedene Fragen gestellt und sie wurden gebeten, eine Reihe von Merkmalen auf einer Skala von null bis 100 einzustufen. Männer, die T-Shirts mit größeren Logos von Luxusmarken tragen, sind demnach an kurzen sexuellen Affären interessiert, während Männer, die T-Shirts mit einem kleineren Logo tragen, Interesse an langfristigen Liebesbeziehungen haben. Auch Frauen bewerten Männer, die große Logos trugen, als attraktiv für kurzfristige Beziehungen. Sie gelten als unberechenbar und vor allem weniger an einer festen Beziehung interessiert als Männer mit kleinerem Logo.

Männer, die große Logos tragen, sind nicht an langfristigen Beziehungen interessiert

Marken bestimmen immer mehr die Wahrnehmung der gesellschaftlichen Realität. Sie sind die herausragenden Symbole der zeitgenössischen Konsumkultur, wie Anthropologen seit Jahrzehnten behaupten.

Der Wirtschaftswissenschaftler Robert Kozinets stellte fest, dass Marken durch Werbung, Produktplatzierung, Merchandising, künstlerische Darstellung und Mundpropaganda in das Gefüge des kulturellen Universums der Verbraucher eingewebt werden. Aber was genau ist nun eine Marke? Wie definieren Experten verschiedener Fachrichtungen diesen Begriff? Die Antworten, die ich bekommen habe, könnten unterschiedlicher nicht sein. Hier möchte ich Ihnen die wichtigsten vorstellen:

Marketingmanager:
„Die Marke ist die Summe der an die Zielgruppe kommunizierten Eigenschaften eines Produkts."
Betriebswirt:
„Die Marke ist ein Mittel, um Produkte von jenen anderer Unternehmen zu unterscheiden."
Linguist:
„Marken sind ein eigenständiges, semiotisches System gesellschaftlicher Codes."
Soziologe:
„Eine Marke ist ein soziales Bündnis, dem wir uns freiwillig anschließen."
Anthropologe:
„Marken sind die Stammesgesellschaften der Gegenwart."

Offenbar haben wir es mit einem komplexen Phänomen zu tun, das seine Bedeutung verändert, je nachdem aus welcher Richtung wir es betrachten. Lange Zeit habe ich behauptet, eine Marke sei alles, was Menschen auf ihrem T-Shirt tragen. Ich verwende die folgende Definition: *„Eine Marke ist die Persönlichkeit, die wir einem Produkt oder einem Unternehmen zuschreiben."*

Dieser Definition wohnt ein großer Frevel inne. Deutet sie doch an, dass wir Konsumenten bestimmen, was eine Marke ist, während traditionell die Unternehmen selbst die Hoheit über ihre Marken beanspruchten. Der Inhaber verfügt schließlich über das exklusive Recht, eine Marke zu verwenden. Darüber hinaus definierten über viele Jahrzehnte die eigenen Werbebotschaften, wofür eine Marke stand.

Mittlerweile haben sich die Machtverhältnisse gedreht. Nach Ansicht des US-amerikanischen Marketingexperten Mark Schaefer liegt ein Großteil der Informationen heute in der Hand der Kunden. In einer Zeit globaler Vernetzung durch Internet und Soziale Medien seien Märkte nichts anderes als Gespräche und es seien längst die Kunden, die die Kontrolle über diese Gespräche haben. Zwei Drittel aller Aktivitäten, die man als Marketing bezeichnet, geschehen heute ohne das Zutun der Unternehmen selbst. Die Unternehmen könnten nur hoffen, von den Konsumenten zu dieser Unterhaltung eingeladen zu werden, so Schaefer.

Es ist wahrscheinlich die größte Kränkung, die die Produzenten je erlebt haben, seit es die freie Marktwirtschaft gibt. Als würde Galilei mit seinem Fernrohr unter dem Arm in die Vorstandsetagen der Konzerne gehen und erklären, dass sich die Sonne nicht mehr um die Erde dreht. Wie die Sonne ist die Marke diese große leuchtende Kraft, um die sich die Unternehmen heute drehen. Die Kränkung ist auch vergleichbar mit der Entdeckung der Macht des Irrationalen, als Freud zeigte, dass wir Menschen „nicht Herr im eigenen Hause sind". Eine Marke entsteht nicht in den Managementetagen der Konzerne, sie entsteht in den Köpfen der Menschen.

Ein Club für alle Fälle

Ich war neun Jahre alt und hatte eben mein erstes Paar Adidas Turnschuhe bekommen oder, besser gesagt, erkämpft. An einem dieser Tage kam mein Klassenkollege Alex in die Schule und baute sich vor den Mitschülern auf. Mit triumphierender Geste berichtete er von einer brandheißen Neuigkeit: Adidas brächte dieses Frühjahr die lang ersehnten Polyamid-Shorts auf den Markt. Ich hatte noch nie davon gehört, bisher waren wir beim Sport in kurzen Hosen aus Baumwolle angetreten, die mir plötzlich ausgesprochen altmodisch vorkamen. Polyamid glänzt wunderschön, wusste Alex zu berichten, die Hosen seien sehr leicht und das Beste vom Besten. Ich konnte es nicht erwarten, endlich selbst Polyamid-Shorts zu besitzen. Meine ersten Shorts dieser Art waren grün und hatten drei weiße Streifen an der Seite, die Farben meines favorisierten Fußballclubs.

Ich wusste nicht viel über Fußball, aber die meisten meiner Freunde waren Anhänger dieses Clubs. Wenn wir auf einen „Gegner" trafen, wurde erst einmal verbal der Krieg erklärt, ein Wort gab das andere, bis sich kurz darauf die jeweils stärksten Männer der beiden Gruppen auf dem Boden wälzten und sich gegenseitig in den Schwitzkasten nahmen. Das konnte dann gut zehn Minuten so gehen, ab und zu drehten sich beide herum, sodass der andere nach oben kam und seinerseits dem Kontrahenten mit seinem ganzen Gewicht die Luft abdrückte. Meist ging es so lange, bis die Klassenlehrerin den Raum betrat und mit lauter Stimme den Kampf für beendet erklärte. Zwei hochrote Köpfe wurden sichtbar, die Kämpfenden erhoben sich mühsam und trollten sich auf ihre Plätze, nicht ohne dem Gegner die eine oder andere Drohgebärde zu deuten.

An eine bewusste Entscheidung, welchem Fußballclub meine Treue und Gefolgschaft gehören sollte, erinnere ich mich nicht. Der Germanist Wendelin Schmidt-Dengler behauptete einmal – mehr oder weniger scherzhaft –, dass die Zugehörigkeit zu einem der beiden Wiener Lokalmatadore pränatal entschieden würde. Wie ernst es uns mit der Ergebenheit zum jeweiligen Verein war, konnte man an meinem Schulfreund Branko sehen, der auf all seinen Buntstiften die Herkunftsbezeichnung „Austria" – aufgrund der Namensgleichheit zum verachteten Fußballclub – mit dem Taschenmesser heraus schnitzte. Aber wie kam es dazu, dass ein Haufen Kinder, die gerade erst lesen und schreiben gelernt hatten, eine derartige Zugehörigkeit zu einem Verein verspürten, dass sie für ihn zu kämpfen bereit waren? Niemand von uns hatte jemals einen der Spieler kennengelernt und wir waren auch nie im Stadion gewesen. Wir fühlten uns weniger als Anhänger eines Vereins, wir waren der Verein. In der Gefolgschaft eines erfolgreichen Fußballclubs wurden wir zu etwas Größerem, als wir selbst es waren.

Ich bin überzeugt, wenn ich das Phänomen der Anhängerschaft von Fußballclubs erklären könnte, dann würde ich auch verstehen, wie die Begeisterung für Marken entstanden ist. Daniel Wann, Professor an der Murray State University, kam zu dem Schluss, dass Sportfans ein besseres Leben haben. Die Zugehörigkeit zu einer Fangemeinde erfüllt das menschliche Bedürfnis nach Gemeinschaft und fördert Beziehungen. Menschen, die sich als Sportfans bezeichnen, zeigten in der Untersuchung ein höheres Selbstwertgefühl, litten weniger unter Einsamkeit und waren insgesamt mit ihrem Leben zufriedener als Nicht-Sportfans. Die Anhänger profitieren von dem Gefühl des Sieges, wenn ihre Mannschaft erfolgreich ist. Das Bekenntnis zu einem Verein bildet für Fans einen integralen Bestandteil ihrer Identität.

Marken sind wie SUVs. Jeder spottet, aber alle kaufen sie

Geschieht mit Anhängern einer Marke vielleicht dasselbe? Dazu müssen wir uns fragen, was Marken eigentlich sind. Mein Freund Mike fragte kürzlich, ob es stimme, dass ich ein Buch über Briefmarken schreibe. Nein, antwortete ich süffisant, ich schreibe einen Reiseführer über die Region „Marken“ in Mittelitalien. Ich war ein bisschen beleidigt, denn Mike legt mehr Wert auf Markenkleidung als so manch anderer in meinem Bekanntenkreis, vielleicht war ihm gerade deshalb das Thema unheimlich. Im Laufe der Interviews, die ich während der Recherche zu diesem Buch geführt habe, fand ich heraus, dass es Menschen mitunter unangenehm ist, auf „ihre“ Marken angesprochen zu werden. Manche fühlten sich sogar ertappt und redeten ihre Markenvorlieben klein, andere machten Scherze darüber, so wie Mike.

Marken sind offenbar wie SUVs, jeder spottet, aber sie verkaufen sich wie warme Semmeln. Dabei können Marken ganz unterschiedliche Bedeutung haben. Für Menschen, die gerne Geld für teure Produkte ausgeben, haben Marken oft die Funktion von Trophäen oder Statussymbolen, was in der öffentlichen Meinung negativ bewertet ist. Anders verhielten sich diejenigen, die wenig Wert auf Statussymbole legten. Sie verstanden Marken als Dinge des Alltags, wie Lebensmittel oder elektrische Zahnbürsten. Diese Menschen hatten generell eine positive Einstellung zu Marken, denn Ernährung und Mundhygiene werden in der Gesellschaft positiv bewertet.

Symbole, Helden und Legenden

In den vielen Jahren meiner beruflichen Tätigkeit habe ich bei allen erfolgreichen Marken dieselben Muster und Merkmale gefunden. Es sind sechs Schlüsselelemente, die regelmäßig auftauchen und maßgeblich zum Erfolg einer Marke beitragen: Symbole, Werte, Geschichten, Rituale, Helden und Rivalen.

1. Symbole

Symbole sind ein wesentlicher Bestandteil jeder erfolgreichen Marke. Sie dienen als visuelle Repräsentation und Identifikationsmerkmal für das Unternehmen oder das Produkt. Ein starkes Symbol kann dazu beitragen, die Marke schnell und einprägsam zu kommunizieren und eine emotionale Bindung zu schaffen.

Das Symbol einer Marke wird Logo genannt. Ein Logo kann aus dem Namen gebildet sein, wie bei Coca-Cola, Google oder Disney. Das Logo kann aus einem Bild bestehen, wie bei Shell, Apple, Instagram oder Starbucks. Es kann aber auch eine abstrakte Form darstellen, wie bei der Deutschen Bank, Adidas, Audi oder Mercedes. Einige Logos beziehen sich auch auf Wappen oder Flaggen des Herkunftsorts, wie zum Beispiel BMW, Porsche, Victorinox.

Besonders in den USA nutzen zahlreiche Logos die Farben der Landesflagge, wie Pepsi, Kraft, Domino's Pizza oder American Airlines. In Europa ist diese Tradition nicht so verbreitet, immerhin verwendet der Möbelhersteller IKEA die Farben Schwedens. In Deutschland finden wir eine starke Präferenz für blaue Logos, die entweder Schrift oder abstrakte Symbole zeigen. Sie sollen Seriosität und Zuverlässigkeit ausstrahlen.

2. Werte

Werte und Regeln bilden die ethischen Grundsätze des Unternehmens, sie regeln aber auch das Verhalten und die Interaktionen einer Marke mit ihren Kunden.

Die wichtigsten Werte und Regeln werden meist bei der Firmengründung durch die Überzeugungen der handelnden Personen etabliert. Wächst ein Unternehmen, so wird es oft ein schwieriger Balanceakt, diese Werte zu bewahren. Heute fordern Konsumenten von Marken eine klare Haltung ein. Um eine stabile Beziehungen zu Kunden aufzubauen, sind authentische Werte und konsistente Regeln für eine Marke unverzichtbar geworden. Diese Regeln umfassen formelle

Richtlinien und Standards, aber auch informelle Verhaltensnormen und ethische Grundsätze.

Apple schlitterte in den 1990er-Jahren in eine Krise, als das Unternehmen seine zentralen Markenwerte aus den Augen verlor. Das Unternehmen stand von Anfang an für Innovation, Kreativität und „Think Different". Nach dem Abgang von Steven Jobs scheute das Management die Risiken, die mit diesem Anspruch verbunden waren, und die Produkte wurden einfallslos und uninspiriert. Bei seiner Rückkehr im Jahr 1997 stellte Jobs die ursprünglichen Werte wieder in den Mittelpunkt der Unternehmensführung und machte die Marke wieder erfolgreich.

Konsumenten lieben Regeln, die sich rund um eine Marke bilden. Genießer der irischen Biermarke Guinness haben eine exakte Regel, wie die dunkle Flüssigkeit richtig eingeschenkt werden muss. Das Getränk muss genau auf 8°C gekühlt sein. Jetzt wird das Glas in einem Winkel von 45 Grad zu drei Vierteln gefüllt. Erst nach einer kurzen Ruhepause wird das Glas bis zum Rand aufgefüllt. So soll die perfekte Schaumkrone entstehen.

Michael Jeffries war bis 2014 Geschäftsführer von Abercrombie & Fitch. Er hat es mit den Regeln etwa übertrieben, als er das berüchtigte „Look Book" schuf, in dem beschrieben wurde, wie viele Knöpfe an Kleidungsstücken geöffnet bleiben sollten und welchen Schmuck oder Gesichtsbehaarung die Mitarbeiter tragen durften. Die Marke ist „eine militärische Operation", sagte Jefferies bei einem Interview mit dem Wall Street Journal.

3. Geschichten

Wenn es um Markenführung geht, ist „Storytelling" in aller Munde. Geschichten können tatsächlich ein mächtiges Werkzeug sein, um eine Verbindung zu den Kunden herzustellen. Erfolgreiche Marken erzählen Geschichten, die ihre Werte, ihre Geschichte und ihre Vision vermitteln. Durch ansprechende Erzählungen können Marken eine tiefere Bindung zu ihren Kunden aufbauen und ihr Markenimage beeinflussen.

In Marketingkreisen wird Storytelling immer noch mit dem Drehbuch für einen Werbespot verwechselt. Konsumenten verlangen heute nach echten Geschichten, so wurde „Storydoing" zu einem essenziellen Bestandteil des Storytellings. Authentische Geschichten gründen entweder in der Lebensgeschichte der Gründer, wie bei Apple oder Tesla, oder aber in gesellschaftlichem Engagement wie bei Patagonia, deren Gründer sich aktiv für Naturschutz einsetzen, oder Brunello Cucinelli, der mit seinen Produkten aus Kaschmirwolle einen Welterfolg einfuhr und heute Förderer der Menschen in seinem Unternehmen und in seiner Heimat auftritt. Er gilt als der Unternehmer, der die Armut seiner Kindheit nicht vergaß.

Marken mit langer Geschichte inszenieren oft ihre eigene Tradition, so wie Omega, die die erste Uhr auf den Mond brachten, oder Chanel, dessen Ästhetik die Mode der Nachkriegszeit prägte. Aber auch skandalumwobene Legenden eignen sich gut für Storytelling, wie die dramatische Geschichte der Familie Gucci.

Wenn ein Unternehmen keine eigene Story besitzt, so kann es wie Nike auf die Geschichten von Athleten und bekannten Persönlichkeiten setzen. Indem das Unternehmen andere zu Helden macht, färbt deren Lebens- und Erfolgsgeschichte auf die Marke ab.

4. Rituale

Rituale sind regelmäßig wiederkehrende Handlungen oder Ereignisse, die mit einer Marke verbunden sind. Diese Rituale können verschiedene Formen annehmen, wie das morgendliche Kaffeetrinken mit einer bestimmten Kaffeemarke oder das jährliche Treffen von Fußballfans bei einem wichtigen Spiel. Rituale erweitern ein Produkt um ein Erlebnis, sie schaffen eine gemeinsame Erfahrung und stärken die Bindung der Kunden zur Marke.

Apple hat mit der sehnsüchtig erwarteten Präsentation der neuen Modelle ein mächtiges Ritual geschaffen. Auf der ganzen Welt treffen sich Apple-Anhänger, um die Übertragung gemeinsam zu erleben und dann leidenschaftlich über Sinn und Qualität der neuen Produkte zu diskutieren. Auch die Menschenschlangen, die sich bei der Auslieferung der neuen Produkte vor den Stores bilden, sind mittlerweile eine jährlich wiederkehrende Zeremonie.

Die Gewohnheit bei Starbucks, den Namen der Kunden aufzunehmen, ist weithin bekannt. Die Vorgehensweise wird vom Unternehmen übrigens nicht vorgeschrieben. „Im Laufe der Jahre entwickelte sich in unseren Filialen das lustige Ritual, die Namen auf Becher zu schreiben und dann auszurufen", sagt ein Sprecher der Kaffeehaus-Kette.

Eines der bekanntesten Rituale ist die Limette in der Corona-Flasche. Der Ursprung liegt nach einer verbreiteten Meinung darin, dass mit der Limette die Flaschenöffnung gesäubert wurde. Auf der Website von Corona wird behauptet, das Ritual stamme aus der mexikanischen Chelada-Tradition, bei der Bier mit Zitronensaft gemischt werde. Mittlerweile ist es jedenfalls eine weltweit anerkannte Art, das mexikanische Bier zu servieren, und die Limette wurde zu einem wesentlichen Bestandteil der Marke.

Als sich Jägermeister in den 1990er-Jahren als Partygetränk etablierte, ist das gemeinschaftliche Ritual entstanden, bei dem jeder in der Runde eine kleine Flasche erhält, sie auf den

Tisch klopft, den Verschluss abschraubt und auf die Nase klemmt. Danach wird die Flasche mit den Zähnen gehalten, während man den Kopf in den Nacken legt, um den Likör wie einen Shot auszutrinken. Auch andere Likör-Marken wie Kümmerling beanspruchen dieses Ritual für sich.

In den USA werden die beiden Schichten des Oreo-Kekses getrennt und in Milch getaucht. KitKat wird in zwei Hälften geteilt und gemeinsam verzehrt. Der Deckel von Pringles wird durch Zusammendrücken der leeren Verpackung abgesprengt. Hierzulande gibt es das Ritual des Teilens des „Twinni"-Eislutschers. Die Frage „Magst du lieber orange oder grün?" verbindet Generationen.

All diese Markenrituale erweitern ein Produkt um gemeinschaftliche Erlebnisse, die eine entscheidende Rolle beim Aufbau eines Zugehörigkeitsgefühls rund um die Marken spielen.

5. Helden

Helden sind charakteristische Figuren oder Persönlichkeiten, die mit einer Marke in Verbindung gebracht werden. Diese Helden verkörpern die Werte und Eigenschaften der Marke und dienen als Identifikationsfiguren für die Kunden. Sie können sowohl reale Personen als auch fiktive Charaktere sein, ihr Zweck aber ist es, die Markenbotschaft zu vermitteln und die Kunden zu inspirieren.

Bei innovativen Marken wie Apple oder Tesla sind es die Gründer, die als Helden auftreten. Nike machte die bekanntesten Athleten zu ihren Werbebotschaftern, während Pepsi gefeierte Popstars verpflichtete. Diese Marken leihen sich die Helden gewissermaßen aus. Auch Red Bull holt sich die Protagonisten durch Sportsponsoring in seine Markenwelt.

Eine verfeinerte Version des Markenbotschafters nutzte die Marke Nespresso, indem sie George Clooney als sympathischen Antihelden aufbaute. Mitunter sind die Helden auch fiktiv, wie der Weihnachtsmann bei Coca-Cola, Käpt'n Iglo oder der unermüdliche rosa Plüschhase bei Duracell.

Heute, da von Marken gesellschaftliches Engagement erwartet wird, setzen die Unternehmen vermehrt auf Persönlichkeiten, die sich zu brennenden Themen äußern. Nike brachte einen Spot mit dem ehemaligen Football-Spieler Colin Kaepernick, der öffentlich gegen Rassismus auftrat. Die polarisierende Kraft solcher Personen ist zwar mit einem großen Risiko für das Unternehmen verbunden, verspricht aber große Erfolgschancen. Große Marken sind sich durchaus bewusst, dass sie in einer gespaltenen Gesellschaft von ihren Fans umso mehr geliebt werden, je größer die Ablehnung durch die andere Gruppe ist.

6. Rivalen

Rivalen sind Wettbewerber oder Gegner, die eine Marke herausfordern und sie zu Höchstleistungen anspornen. Diese Rivalen können andere Marken sein, die ähnliche Produkte oder Dienstleistungen anbieten, oder externe Faktoren wie sich verändernde Marktbedingungen oder technologische Entwicklungen. Die Existenz von Rivalen kann dazu beitragen, dass eine Marke agil bleibt und sich kontinuierlich verbessert, um im Wettbewerbsumfeld erfolgreich zu sein. Aus diesem Grund meinen wir oft, vor der Entscheidung zwischen zwei Marken zu stehen, obwohl es tatsächlich mehrere Anbieter gäbe: Coca-Cola oder Pepsi, Apple oder Samsung, McDonalds oder Burger King, Adidas oder Puma. Gegner und Rivalen helfen dabei, die Marke emotional zu erleben, da wir Menschen dazu neigen, uns für eine Seite zu entscheiden und mitunter leidenschaftlich für diese einzutreten. Ich widme mich diesem Thema ausführlich im Kapitel „Zugehörigkeit“.

Symbole, Werte, Geschichten, Rituale, Helden und Rivalen sind die sechs Merkmale, die ich bei jeder erfolgreichen Marke gefunden habe. Ich habe diese Elemente allerdings nicht nur bei Marken, sondern auch bei den Anhängern von Fußballclubs und beim Wettstreit mittelalterlicher Städte gefunden, wie die folgende Geschichte zeigt.

Mitte der Neunzigerjahre verbrachte ich einige Monate in Siena. Die toskanische Stadt, die einmal eine der wohlhabendsten Städte Europas war, hat bereits im Mittelalter mit dem „Palio" einen Wettstreit entwickelt, der als das härteste Pferderennen der Welt gilt.

Wer im Sommer durch die Stadt geht, dem fällt auf, dass die Einheimischen bunte Halstücher tragen und kleine Fahnen in der Hand halten. Sie tragen die Farben ihrer Contrada, eines jener 17 Stadtbezirke, die jedes Jahr im Palio gegeneinander antreten. Jede Bewohnerin und jeder Bewohner trägt mit Stolz das Wappen der eigenen Contrada als Erkennungszeichen. Die Reiter in diesem Pferderennen werden „Fantini" genannt. Diese Jockeys werden von den Stadtteilen angeheuert, sie nehmen bei offiziellen Anlässen teil und repräsentieren die jeweilige Contrada. Die Fantini sind die Helden, die diese Geschichte schreiben und als Identifikationsfiguren dienen.

Das Rennen selbst ist nur der Höhepunkt, um den sich verschiedene Rituale entfalten, mit denen die Bewohner ihre Identität und Zugehörigkeit zum Stadtteil demonstrieren. Schon Wochen vor dem eigentlichen Palio wird das Ereignis von den jungen Senesi angekündigt, die in mittelalterlichen Gewändern mit Trommeln und Fahnen schwingend durch die Stadt ziehen. Für den Palio existiert ein ausführliches Regelwerk, das im Mittelalter begründet und über die Jahre immer wieder angepasst wurde. Daneben haben sich etliche ungeschriebene Gesetze etabliert, die von Generation zu Generation weitergegeben werden.

Die anderen Stadtteile werden in dieser Zeit zu Rivalen. Während des Palios wird dieser Antagonismus in einem ritualisierten Wettstreit ausgedrückt und dadurch am Leben erhalten.

Erfolgreiche Marken sind die moderne Entsprechung althergebrachter Gemeinschaften. Die Stammesgesellschaften der Urzeit folgten der gleichen Methoden wie italienische Stadtstaaten im Mittelalter, eingebettet in eine pittoreske Kulisse mit Ritualen, die als Vorbild für moderne Themenparks und Flagship-Stores gedient haben könnten.

ENT
WICK
LUNG

„Alles, was du besitzt, besitzt irgendwann dich."

—Brad Pitt in „Fight Club", 1999

Wie Marken entstanden sind, wie sie sich vom Produkt gelöst haben, um Fernsehstars zu werden, und wie die Unternehmen die Kontrolle über die Marken verloren haben

Produkte zur Identifikation und zum Zweck der Vermarktung zu kennzeichnen, ist eine Praxis, die auf eine lange Geschichte zurückblickt. Dabei wurden Symbole und Zeichen auf Waren gestempelt oder gemalt, um ihre Herkunft und Qualität zu markieren, den Käufern Informationen zu geben und den Handel zu erleichtern. Diese Etikettierung machte es außerdem möglich, Produkte von der Konkurrenz abzugrenzen.

Historisch betrachtet reicht das Phänomen der Marken bis in die Antike zurück, als Herrschaftssitze, Städte und Regionen zu eindrucksvollen Marken wurden, um ihre Souveränität und Zugehörigkeit zu betonen. Auch politische und militärische Mächte nutzten ein Mittel zur Identifikation auf dem Schlachtfeld. Diese Praxis hat sich im Laufe der Zeit weiterentwickelt und ist in der modernen Wirtschaft und Politik allgegenwärtig. Heute werden nicht nur Produkte und Unternehmen gebrandet, sondern auch Städte, Regionen und sogar Nationen, um sie als attraktive Marken für Investoren, Touristen und Einwohner zu positionieren. Das „Branding" – die Schaffung einer Marke – ist zu einem zentralen Merkmal der Wirtschaft und des zeitgenössischen Kapitalismus geworden. Marken spielen eine entscheidende Rolle bei der Schaffung von Identität und Image in einer globalisierten Welt.

Produktmarken im heutigen Sinn haben ihre Wurzeln im 18. Jahrhundert, als Luxusgüter erstmals mit Herkunftszeichen versehen wurden. Diese Praxis gewann im liberalen Industriezeitalter des 19. und frühen 20. Jahrhunderts an Bedeutung, angetrieben durch die Expansion der Massenmärkte für alltägliche Konsumgüter sowie durch neue Möglichkeiten der Produktion, des Transports und der Kommunikation. Verpackte Industrieprodukte begannen traditionelle lokale Erzeugnisse zu ersetzen und wurden durch eingängige Namen und Slogans gekennzeichnet, um sie in einem wachsenden Angebot von vergleichbaren Produkten hervorzuheben. Diese Markierungen halfen dabei, Vertrauen in die Qualität zu schaffen und die Treue der Verbraucher zu stärken. Mit der Verbreitung der Massenmedien konnte schließlich effektiv Werbung betrieben werden und so erreichten die Werbebotschaften internationale Märkte und begünstigten die Entstehung multinationaler Konzerne.

Nach dem Zweiten Weltkrieg erlebten Marken einen weiteren Aufschwung, als die steigende Nachfrage durch die Konsumrevolution und die Entstehung des Wohlfahrtsstaats zu einem verschärften Wettbewerb auf den Märkten führte. Seit den späten 1980er-Jahren können wir Branding als allgegenwärtige Methode und Geschäftspraxis beobachten. Marken werden mittlerweile als zentrales Merkmal der Wirtschaft und eine der Hauptaufgaben eines Unternehmens betrachtet.

Über mehr als ein Jahrhundert war die Marke fest mit einem Unternehmen oder einem seiner Produkte verbunden. Die Marke wurde bestimmt durch die Qualität des Produkts und stand für die Kompetenz des Herstellers. In meiner Kindheit kannte man die Stärken und Schwächen der unterschiedlichen Automarken – die eine hatte eine gute Straßenlage, die andere war äußerst wertbeständig, die dritte hingegen anfällig für Rost und so weiter.

Bis in die 1980er-Jahre war immerhin die Kompetenz der Herstellung an einzelne Unternehmen gebunden und die Marke repräsentierte die Eigenschaften dieser Produkte. Miele war bekannt für hochwertige Waschmaschinen, die 30 Jahre hielten. Mercedes-Benz war ein Synonym für Qualität im Automobilsektor. Die Marke war Pionier in der Sicherheitstechnologie und hatte Fahrzeuge, die für ihre Langlebigkeit und erstklassige Verarbeitung bekannt waren. In meiner Erinnerung waren alle Taxis Mercedes Diesel, da diese als die einzigen Autos bekannt waren, die mehr als 200.000 Kilometer durchhielten. Später wurde Sony als Hersteller von hochwertiger Unterhaltungselektronik bekannt. Produkte wie der Trinitron-Fernseher und der Walkman wurden zu Symbolen für innovative Technologie und exzellentes Design. Leica war eine der renommiertesten Marken im Bereich der Fotografie. Die Kameras galten als Inbegriff für Präzision und höchste Bildqualität. Zuverlässige Zündkerzen gab es nur bei Bosch, gute Messer kamen aus Solingen, und wer hochwertige Bleistifte benötigte, der musste diese bei Faber-Castell besorgen. Die meisten dieser Hersteller haben ihr Image durch technische Entwicklungen etabliert und die jeweilige Marke wurde mit Exzellenz in der Produktion gleichgesetzt.

Der Werbeagent Bruce Barton war der Sohn eines Geistlichen in Boston, Massachusetts. Barton war Autor des Buches „The Man Nobody Knows", in dem er Jesus als Vorreiter des modernen Unternehmers beschrieb. Als Werbefachmann war Barton seiner Zeit weit voraus. Im Jahr 1923 sagte er zu Alfred Sloan, dem Generaldirektor von General Motors: „Ihr Unternehmen hat eine Seele. Meine Aufgabe ist es, Ihnen bei der Suche nach Ihrer Seele zu helfen." Als Seele des Konzerns fand er schließlich die amerikanische Familie, die er als persönlich, warm und menschlich sah. Das klingt zunächst absurd, denn General Motors war damals bereits ein riesiger Konzern, der nach und nach Firmen aufkaufte und vorsätzlich Eisenbahngesellschaften ruinierte, um den Absatz von Autos zu erhöhen. Und dennoch: Mit diesem Bild der Unternehmerfamilie revolutionierten Sloan und Barton die Öffentlichkeitsarbeit des Konzerns und lösten damit die Marke ein Stück weit von den Produkten. In den 1980er-Jahren vollzog sich diese Trennung endgültig. Marken lösten sich aus der direkten Verbindung mit ihren physischen Produkten und ihren Herstellern. Die Identität und der Wert einer Marke werden heute kaum noch durch die Produktqualität definiert, sondern durch symbolische Bedeutungen. In den späten 1980er-Jahren begann sich die Wirtschaft von der Produktion von Waren zur Produktion von Marken zu verschieben.

Die Marke geht eigene Wege

Es war das letzte traditionelle Holzhaus am See. Es war Herrn Boranskys extremer Sparsamkeit zu verdanken, dass es noch keiner modernen Seevilla aus Beton und Glas hatte weichen müssen. Das Haus war im Originalzustand erhalten, selbst die Einrichtung stammte noch von damals. Das Besondere an dem Haus war der direkte Zugang zum See, der die karge Ausstattung wettmachte.

Boransky wusste nicht nur, wie man zusätzliches Geld verdiente, er wusste vor allem, wie man es sparte. Er reparierte alles selbst. Neuanschaffungen gab es bei Boransky höchstens nach jahrelanger Überlegung. Er vermietete das Haus am See an Sommergäste, während er den hinteren Teil des Gebäudes bewohnte. Oft gab seinen Gästen Tipps: einmal eine Aufführung im Theater, dann das Seefest am Wochenende. Manchmal gab es einen Schlussverkauf in der Gegend, für den er noch Rabattmarken übrighatte. Ratschläge wusste Boransky grundsätzlich für alle Lebenslagen, besonders aber, wenn es um Einsparungen oder Optimierungen ging.

Eines Tages tauchte der Sohn einer Familie auf, die seit Jahren zu den Stammgästen zählte. Auf dem Kopf trug er eine

Schirmkappe. Sie war noch ganz glatt und stand aufrecht auf dem Kopf und jeder konnte von Weitem sehen, dass sie ganz neu war. Auf der Stirnseite war das Emblem einer bekannten Fußballmannschaft eingestickt. Als Boransky um die Ecke bog, stach ihm die Neuanschaffung sofort ins Auge. Ihm war klar, dass es sich bei einer Schirmkappe mit aufgesticktem Emblem um eine ausgesprochen kostspielige Anschaffung handelte. Man zahlte schließlich nicht nur die für die Kappe und die aufwendige Stickerei, sondern auch für die Lizenz des Fußballclubs. Merchandising war eine wichtige Einkommensquelle für den Sport, das wusste Boransky. Er erläuterte uns seinen Vorschlag, wie wir künftig Geld einsparen konnten: „Kauf eine billige Schirmkappe und mach ein Abziehbild dran."

Boransky hatte verstanden, dass es keine zwingende Verbindung mehr zwischen dem Symbol und der Kappe gab. Hersteller und Symbol hatten nichts mehr miteinander zu tun, die Marke hat sich vom Produkt emanzipiert und ist zu einem eigenständigen Gut geworden. Aber nicht nur das, in vielen Fällen hat das Produkt nur noch die Aufgabe, das Markensymbol zu tragen. In unserem Fall sollte die Schirmkappe weniger den Kopf ihres Trägers schützen, als vielmehr das Emblem des Fußballclubs zeigen.

Ich kam vier Monate vor der Mondlandung im Jahr 1969 auf die Welt. Ich konnte dieses bahnbrechende Ereignis – wenn auch im zarten Säuglingsalter – live im Fernsehen miterleben. Erinnerungen an jenen Moment habe ich zwar keine, aber die Geschichten meiner Eltern zeichneten mir ein lebhaftes Bild. Zu jener Zeit besaßen meine Eltern noch kein eigenes Fernsehgerät und so versammelten wir uns gespannt vor dem Schwarz-Weiß-Fernseher unserer Nachbarn, um dieses denkwürdige Ereignis zu verfolgen und Zeugen der ersten Schritte auf dem Mond zu sein.

Es sollte noch über ein Jahrzehnt dauern, bis sich Farbfernsehgeräte in den europäischen Haushalten etablierten. Das Farbfernsehen machte die Welt bunt und die 1980er- und 1990er-Jahre wurden zum Goldenen Zeitalter der Werbespots. Es gab zwar bereits seit den 1950er-Jahren Fernsehwerbung, doch waren dies in erster Linie Informationen über neuartige Küchengeräte oder gesungene Lobpreisungen für Waschmittel. Als die Geräte immer größer und vor allem farbig wurden, nahm der Fernseher im Wohnzimmer eine zentrale Rolle ein. Das veränderte auch die Werbung. Werbespots wurden zu kreativen Kurzfilmen für die ganze Familie, die unterhaltsame Geschichten erzählten. Die Werbebranche entdeckte die faszinierende Welt des Storytellings.

Der Werbespot drehte die Geschlechterrollen um

Levi's konnte 1985 mit einem einzigen Werbespot, der Nick Kamen in Unterhosen in einem Waschsalon zeigte, den Umsatz um 800 Prozent steigern. Die Werbung musste schließlich abgesetzt werden, da die Produktion die explodierende Nachfrage nicht mehr decken konnte. Bis ins Jahr 1987 waren die Verkäufe von Levi's-Jeans 20-mal so hoch wie noch drei Jahre zuvor.

Die Werbekampagne „Diet Coke Break" bestand aus einer Reihe von Werbespots, die ab Mitte der 1990er-Jahre ausgestrahlt wurden. Sie zeigen eine Gruppe von Frauen, die einen attraktiven Mann bei der Arbeit bewundern, begleitet von dem Song „I Just Want to Make Love to You" von Etta James. Der erste Werbespot wurde 1994 im US-Fernsehen ausgestrahlt und zeigte den amerikanischen Schauspieler Lucky Vanous als Bauarbeiter, der sich während seiner Pause das Hemd auszieht und eine Dose Coca-Cola Light trinkt. Der Spot war ein riesiger Erfolg, den niemand im Unternehmen erwartet hatte. Obwohl ursprünglich keine Fortsetzung geplant war, wurde Vanous im nächsten Jahr für weitere Werbespots verpflichtet. Die Kampagne gilt als eines der frühen Beispiele für den Rollentausch der Geschlechter in der Fernsehwerbung, bei dem Frauen attraktive Männer als Sexualobjekt betrachten und nicht umgekehrt. Im Jahr 2020 kopierte Opel den Spot, um den Opel Astra zu bewerben.

„Isch 'abe gar kein Auto, Signorina" ist eines der bekanntesten Zitate in der Geschichte der deutschen Fernsehwerbung. Der italienische Schauspieler Bruno Maccallini erlangte als Cappuccino-Mann im Jahr 1992 große Bekanntheit im deutschsprachigen Raum. In dem Spot für Nescafé trat er als Angelo auf, der einer attraktiven Frau die Tür öffnete, die glaubte, dass er auf ihrem Parkplatz stehe. Maccallini wurde mit 300 Fanbriefen pro Woche überschwemmt, darunter einer mit einem Damenslip mit dem Angebot: „Ich will der Schaum auf deinem Cappuccino sein!" Ein Mann wiederum bat ihn um Tipps, wie er seine Frau zurückgewinnen könne, und eine deutsche Familie bot ihm an, an ihrer goldenen Hochzeit in Rom teilzunehmen. Sie wollte ihm dafür so viel zahlen, wie er wollte, was der Schauspieler jedoch ablehnte.

In dieser Zeit etablierten sich die Werbespots als eigenständige Kunstform im Bereich des Films und die besten Spots wurden in der Cannes-Rolle prämiert. Einige Werbefilmer avancierten sogar zu gefeierten Filmregisseuren. Ridley Scott und Luc Besson stiegen von der Werbebranche zu Größen in der Filmwelt auf. Das Image der Marken wurde in dieser Ära nicht mehr von der Qualität der Produkte bestimmt, sondern von bunten Werbespots. Jeder kannte den Mann aus der Coca-Cola-Light-Werbung, Captain Iglo und seine Fischstäbchen oder Thomas Gottschalk mit seinen Goldbären.

Da Marken nunmehr vom Produkt getrennt waren, gab es keinen Grund mehr, sie nicht auch für andere Produkte zu verwenden. So konnte das Unternehmen Caterpillar, das in Illinois Bagger herstellte, seine Marke problemlos für Schuhe ausleihen. Natürlich stellte das Unternehmen diese Schuhe nicht selbst her, es stellte eben nur seine Marke zur Verfügung. Wichtig war längst nicht mehr das Produkt, sondern es waren die Eigenschaften und Werte, die man mit der Marke in Verbindung brachte. So kamen für Caterpillar in erster Linie schwere Schuhe mit hohen Stollen infrage, die zu den Eigenschaften von Baggern passten. Elegante Schuhe oder Ballerinas mit dem Aufdruck Caterpillar wären wohl wenig erfolgreich gewesen. Darüber hinaus waren diese Schuhe meistens gelb wie die Bagger selbst.

Auch die Reynolds Tobacco Company dehnte die Bedeutung ihrer Zigarettenmarke Camel auf diese Weise aus. Mit der „Camel Trophy" rief der Tabakkonzern 1980 gemeinsam mit Land Rover eine Off-Road-Rallye mit Expeditionscharakter ins Leben, die jährlich in einem anderen Land stattfand. Die Berichterstattung über dieses Event brachte mediale Aufmerksamkeit und verlieh der Marke Camel einen Hauch von Abenteuer. Die Zigaretten waren dieselben geblieben, aber sie schmeckten jetzt ein bisschen nach Adrenalin. Das umfangreiche Sortiment an Outdoor-Kleidung und -Schuhen unter dem Namen Camel entpuppte sich als Verkaufsschlager.

Die „Camel Trophy" erlebte ihr Ende um die Jahrtausendwende, als Tabak aus der Werbung verbannt wurde. Dennoch hat der Name Camel bis heute eine Bedeutung, die weit über das eigentliche Produkt hinausgeht. Hätte man früher dem

Management von Caterpillar oder Camel den Vorschlag gemacht, unter ihrem Namen Schuhe zu verkaufen, hätte man den Kopf geschüttelt. Heute ist dieser Markentransfer gängige Praxis.

Dabei hatte die Marke Coca-Cola schon früh eine eigene Bedeutung erlangt. Bereits während des Zweiten Weltkriegs wurde Coca-Cola als Symbol für den „American Way of Life" verstanden. Bei der US-Army erkannte man die Bedeutung der moralischen Unterstützung, die eine vertraute Flasche Coca-Cola den Soldaten an der Front bieten konnte. Um sicherzustellen, dass die Truppen im Ausland nicht auf ihre Lieblingslimonade verzichten mussten, entstanden die „United Service Organizations", kurz USO, die den Transport von Coca-Cola an die Front organisierten. Insgesamt wurden Milliarden Flaschen des braunen Zuckerwassers an Soldaten in Übersee verteilt.

Coca-Cola wurde zu einem Symbol für Heimat und Normalität für die US-Truppen im Ausland. Die Flaschen waren ein vertrauter Anblick in den Händen der Soldaten und das Getränk half, die Moral aufrechtzuerhalten. Nach dem Krieg führte diese Verbindung dazu, dass Coca-Cola in vielen Teilen der Welt als Symbol für den amerikanischen Lebensstil wahrgenommen wird. Die Marke wurde zu einem globalen Phänomen und ist längst nicht mehr nur ein Produkt, sondern ein Symbol mit kultureller Bedeutung.

Vor einigen Jahren wurde ich von Volkswagen als Berater eingeladen. Man wollte die Kommunikation der Produktionsstandorte innerhalb des Konzerns verbessern. Im Zuge dessen besuchte ich das Werk in Bratislava, das zu diesem Zeitpunkt das einzige war, in dem sämtliche Marken der Volkswagen-Gruppe gemeinsam an einem Standort produziert wurden. Ich war enorm beeindruckt von der Führung.

Ich sah, wie Roboter die Formen von Türen aus geraden Metallblechen pressten, um sie danach zu lackieren und erlebte die Fertigungsstraße, auf der die Karosserie mit dem Motor „verheiratet" wurde. Einmal wurde ich beinahe von einem selbstfahrenden Transporter angefahren, der die Reifen zur Montagestraße brachte.

Ich hätte mehrere Tage in dieser Wunderwelt verbringen können, so aufregend fand ich es. Ich war vor allem darüber verblüfft, dass alle Marken gemeinsam auf einer Fertigungsstraße gebaut wurden. Für sämtliche Fahrzeuge wurden die gleichen Bauteile verwendet, ob Seat, Skoda, VW oder Audi. Natürlich wurde bei teureren Fahrzeugen eine hochwertigere Ausstattung verbaut, aber Verarbeitung und Qualität der Fahrzeuge waren grundsätzlich bei allen Marken gleich.

Diese gemeinsamen Produktionsstandards waren ein Grund, warum die Marke sich vom Produkt trennte. Das gilt nicht nur für die Automobil-Industrie. In den 1990er-Jahren führten fast alle Handelsketten im Lebensmittelbereich sogenannte Eigenmarken ein. Man kann heute im Supermarkt zwischen einem bekannten Markenprodukt und einem vergleichbaren Produkt des Supermarkts wählen, das in der Regel billiger ist. Hergestellt werden diese Produkte allerdings nicht von der Handelskette selbst, sondern von den Herstellern der Markenprodukte. Der Inhalt ist daher meist derselbe, nur Name und Preis unterscheiden das Eigenprodukt vom Markenprodukt.

Obwohl heute Marke und Unternehmen getrennt voneinander existieren können, bleiben dennoch etliche Marken ihr Leben lang mit dem Mutterunternehmen verbunden. Dazu gehören ganz große Marken wie Coca-Cola, Red Bull, Apple und Nike. Unter dem jeweiligen Namen verstehen wir sowohl die Marke als auch das Unternehmen selbst. In vielen Fällen führen Hersteller und Produkt jedoch verschiedene Namen, wie Unilever und Persil, Beiersdorf und Nivea oder Ferrero und Nutella.

Andere Marken werden an andere Hersteller weitergereicht, so wie die Brillenmarke Ray-Ban. In der Zwischenkriegszeit hatte Bausch & Lomb, ein amerikanischer Hersteller von optischen Geräten, mit der Produktion von Sonnenbrillen für die Piloten der US-Army begonnen. Nach über 60 Jahren verkaufte Bausch & Lomb 1999 die Marke Ray-Ban für 640 Millionen Dollar an den italienischen Brillenhersteller Luxottica. Die Brillen werden seither nicht mehr in den USA, sondern in Italien und China hergestellt. Verkauft wurde nicht das Unternehmen, sondern nur die Marke und das Design der Brillen. Der Name Ray-Ban und die legendären Modelle Aviator und Wayfarer blieben davon unbeschadet und für die Konsumenten ist die Marke Ray-Ban die gleiche geblieben.

1933 entdeckten Forscher des Chemiekonzerns Bayer eine Substanz, mit der sie die UV-Strahlen der Sonne herausfiltern konnten. Bayer brachte die neue Erfindung unter dem Namen „Delial“ auf den Markt. 1996 verkaufte Bayer die Marke Delial an den Konsumgüterkonzern Sara Lee, der sie zehn Jahre später an L'Oréal abgab. Verkauft wurde jeweils der Name, nicht aber das Unternehmen oder die Produktionsstätten. L'Oréal vertreibt heute Sonnencreme nach eigener Rezeptur unter dem Namen Delial.

Als BMW die britische Rover Group übernahm, kam sie auch in den Besitz der Markenrechte für den legendären Mini. BMW entschied sich daher, einen eigenen Kleinwagen nach dem klassischen Vorbild unter dem Namen Mini auf den Markt zu bringen. Heute werden in solchen Fällen nur die Rechte für den Namen und das Logo verkauft, da die Produktion überall möglich ist.

Manche Marken sind sogar gespalten. So hatte Dior Parfums einige Jahre einen anderen Eigentümer als die Modemarke Dior. Und manchmal geben die Unternehmensgründer sogar ihren eigenen Namen mit dem Verkauf ihrer Marke ab. Der Modedesigner Helmut Lang, den mein Vater während dessen Schulzeit in Englisch unterrichtet hatte, verkaufte seinen Namen 2004 an Prada. Sollte Lang, der mittlerweile als bildender Künstler in Long Island lebt, jemals wieder Mode verkaufen, dürfte er dies nicht mehr unter seinem eigenen Namen tun.

Der Wert der Marke kann indes den Wert des zugehörigen Unternehmens bei Weitem übersteigen. Im Jahr 1988 übernahm der Tabak-Konzern Philip Morris den in Illinois ansässigen Lebensmittelhersteller Kraft Foods, der in Europa für den Frischkäse „Philadelphia" bekannt ist. Philip Morris bezahlte 13,1 Milliarden Dollar, obwohl das Unternehmen selbst einen Buchwert von nur 2 Milliarden aufwies. Der Bekanntheitsgrad des Namens „Kraft" war dem Käufer mehr als 10 Milliarden Dollar wert. Zum ersten Mal in der Geschichte wurde eine Marke mit einem Vielfachen des eigentlichen Unternehmens bewertet. Ein Trend, der sich fortsetzen sollte, und das aus gutem Grund: Aufgrund der Globalisierung der Märkte wurde der Herstellungsprozess von Waren immer günstiger, während sich Marken zu einem weltumspannenden Phänomen aufschwangen und an Wert zulegten.

Thomas wurde von seinen Eltern „Tommy" gerufen. Seine Vorfahren stammten aus dem Schweizer Kanton Aargau, von wo seine Großeltern in die USA ausgewandert waren. Tommys Vater war Uhrmacher, Tommy selbst hatte für die kleinteilige Arbeit mit Zahnrädern und Schrauben hingegen nicht viel über. Wofür sich Tommy leidenschaftlich begeistern konnte, war Mode. So machte er sich nach seiner Schulzeit daran, Jeans zu verkaufen. Seine Unternehmung begann in Elmira, einer kleinen Stadt im Bundesstaat New York, wo er seinen ersten Laden eröffnete. Später fing er an, eigene Entwürfe zu zeichnen, die sich am amerikanischen College-Stil orientierten. In den 1980er-Jahren gründete er ein Modelabel, dem er seinen eigenen Namen gab: Thomas Hilfiger.

Bemerkenswert an seinem Unternehmen war, dass es weder Webstühle noch Nähmaschinen gab. Auch wurden hier keine Garne und keine Stoffballen gelagert. Das Unternehmen war eines der ersten der Branche, das keinerlei Waren produzierte. Hilfiger konzentrierte sich stattdessen darauf, eine starke Marke aufzubauen. Sein Ansatz bestand darin, seinen Namen und das Logo bekannt zu machen, denn er hatte erkannt, dass die Identität einer gut geführten Marke wichtiger war als die Herstellung von Produkten. Die Anfangszeit seines Labels war geprägt von einem simplen, aber wirkungsvollen Farbschema – Rot, Blau und Weiß. Diese Farben repräsentierten nicht nur eine modische Klarheit, sondern wurden auch bewusst gewählt, um eine sofortige Wiedererkennbarkeit mit seinem Markenzeichen zu schaffen, das er aus dem Flaggenalphabet der Schifffahrt entlehnt hatte. Tommy Hilfiger setzte auf strategische Einkäufe und externe Produktion in Fernost. Letztlich hielt sich Tommy Hilfiger an die Empfehlung des sparsamen Boransky: Er kaufte in Asien günstig Kleidung ein und stickte sein Logo darauf.

Es gibt etliche Marken, die nicht an Hersteller gebunden sind. Umgekehrt gibt es Produzenten, die selbst keine Marke entwickeln, sondern den Namen anderer auf ihrem Produkt anbringen. Im folgenden Beispiel geht es um Luxottica, ein Unternehmen, das Brillen für die großen Modemarken herstellt.

Leonardo Del Vecchio wuchs in einem Waisenhaus auf. Nach seiner Ausbildung zum Schlosser startete er seine berufliche Laufbahn in Mailand bei einem Zulieferer für die Brillenindustrie. Anfang der 1960er-Jahre – er war gerade 26 Jahre alt geworden – gründete er sein eigenes Unternehmen unter dem Namen Luxottica und begann, selbst Brillen zu produzieren. 1988 hatte Del Vecchio eine zündende Idee, die die Modewelt revolutionieren sollte – und ihn zu einem der reichsten Männer Italiens machte. Er ging nach Paris und ließ sich einen Termin bei der Geschäftsführung von Chanel geben. Er machte dem Modehaus das Angebot, eine Sonnenbrillen-Kollektion für Chanel zu produzieren.

Chanel hatte einen großen Namen, Luxottica hingegen war unbekannt. Das alteingesessene Modehaus war gerade von Karl Lagerfeld verjüngt worden, hatte aber bis dahin keine eigene Brillenkollektion. Der Deal kam zustande und in den darauffolgenden Jahren produzierte Luxottica Brillen für die Modemarken Armani, Prada, Bulgari, Versace, Valentino und viele andere. Die Strategie, hochwertige Sonnenbrillen unter der Marke anderer Unternehmen anzubieten, erwies sich als äußerst erfolgreich. Der Name Luxottica ist den meisten Menschen heute noch kein Begriff, aber er machte Leonardo Del Vecchio, seine drei Frauen und sechs Kinder zur zweitreichsten Familie Italiens.

Die ursprünglich feste Verbindung von Marke und Produkt hat sich längst aufgelöst. Aber auch in anderen Bereichen unserer Welt sind solche Auflösungserscheinungen festzustellen.

Die Philosophen im alten Griechenland beobachteten, wie wir unsere Umwelt sehen und beschreiben. Sie fanden heraus, dass wir bei der Betrachtung einer Sache drei Stufen durchlaufen. Nehmen wir an, ich erzähle in meinem Freundeskreis die Geschichte von einem Hund. Dazu benutze ich den Begriff „Hund". Vorausgesetzt, dass die anderen dieselbe Sprache sprechen, haben jetzt alle ein Bild von einem Hund im Kopf, das allerdings bei jedem ein bisschen anders aussieht. Der eine sieht einen Cocker Spaniel, der andere einen Beagle. Der dritte wurde als Kind gebissen und hat das Bild einer gefährlichen Bestie vor Augen. Neben dem Begriff „Hund“ und dem Bild in den Köpfen meiner Zuhörer existiert der Hund als Ding in der realen Welt, es ist „Nico“, der Golden Retriever meiner Nachbarin.

Die Sprachwissenschaftler I. A. Richards und Charles Ogden bezeichneten den Zusammenhang von Begriff, Bild und Ding als Semiotisches Dreieck. In den 1970er-Jahren bemerkten Wissenschaftler, dass dieses Dreieck nicht mehr richtig funktionierte, es war im Begriff, sich aufzulösen. Sie behaupteten, uns wäre das Ding abhandengekommen und die Symbole beziehen sich nun wechselseitig aufeinander. Und das lag nicht nur daran, dass Nico, der Hund meiner Nachbarin, inzwischen gestorben war. Sie meinten, dass wir die Realität nicht erkennen können und uns stattdessen mehr und mehr mit der Bedeutung der Symbole selbst beschäftigen. Diese Betrachtungsweise ist typisch für das Zeitalter der Postmoderne. Stellen Sie sich dazu einen Wegweiser an einer Straße vor, der, anstatt den Weg zu einer bekannten Sehenswürdigkeit zu zeigen, lediglich darauf hindeutet, dass in 50 Metern Entfernung ein weiterer Wegweiser folgen wird. Dort angekommen finden Sie zwei Schilder vor, die jeweils weitere Wegweiser ankündigen.

Die Realität löst sich auf, die Zeichen verweisen auf andere Zeichen oder auf sich selbst. Dieses Phänomen, das die Denker der Postmoderne beschreiben, gilt ganz offensichtlich auch für Marken. Der Name Caterpillar bezieht sich schließlich nicht mehr auf einen Bagger, sondern lediglich auf Eigenschaften wie gelb, stark und robust. Der Name Coca-Cola bezeichnet nicht mehr eine Flasche Limonade, sondern die Bedeutung, die sie für die Menschen hat. Unter der Marke PanAm werden Taschen, Kleidung und Accessoires vertrieben, die in den Köpfen der Menschen mit den Bildern mondäner Flugreisen verknüpft sind. Eine Fluglinie mit diesem Namen existiert – so wie der Hund meiner Nachbarin – längst nicht mehr.

Viele Marken sind zu Symbolen geworden, die sich nicht mehr auf ein Produkt beziehen, sondern nur auf sich selbst. So werden Marken zu einem eigenständigen semiotischen System aus Codes, das wir nutzen, um miteinander zu kommunizieren. Produkte sind, wenn überhaupt, nur noch die Träger dieser Symbole.

Der nächste Hype

In den Neunzigerjahren tauchte ein kurzlebiger Modetrend auf, bei dem Menschen ein Barett verkehrt herum auf dem Kopf trugen. Die Kappen selbst waren nicht wirklich neu. Neu war lediglich, die Kappe verkehrt herum zu tragen, sodass das Logo des Herstellers nach vorne zeigte.

Der Modetrend war scheinbar an die Marke Kangol gebunden, andere Hersteller konnten sich in diesem Trend nicht etablieren. Kangol ist ein traditionsreiches englisches Unternehmen. Ursprünglich hatte man das britische Militär mit Baretten beliefert, später war Kangol eine Nischenmarke für Golfer und ältere Leute wie meinen Großvater. Dieser trug die Kappe ausschließlich zum Autofahren, und zwar mit dem Schirm nach vorne. Erst im Film „Jackie Brown" von Quentin Tarantino aus dem Jahr 1997 trug Samuel Jackson in seiner Rolle als Waffenschieber Ordell eine verkehrte Kangol-Mütze und löste dadurch einen Trend aus, der weitere Filme beeinflusste. Im

Film „Truman Show“, der ein Jahr nach „Jackie Brown“ herauskam, war eine solche Mütze das Markenzeichen von Christof, dem Produzenten der Show, gespielt von Ed Harris.

Die Marke Levi's hat eine bewegte Geschichte mit Höhen und Tiefen erlebt. Die ersten Kleidungsstücke mit der berühmten Musternummer „501“ wurden 1890 hergestellt und der Aufnäher auf der Rückseite eines modernen Paars zeigt noch immer zwei Pferde, die versuchen, die Hose in einer Art Tauziehen auseinanderzureißen. Die 501 ist eine Ikone und wird von vielen als die Blaupause für die Bluejeans angesehen. Marilyn Monroe trug sie in „The Misfits“, sie ist auf dem Albumcover von „The Freewheelin“ von Bob Dylan zu sehen. In den 1960er-Jahren wurde sie das Symbol einer rebellischen, freiheitsliebenden Generation. Angeblich zählte man unter den Besuchern von Woodstock 96 Prozent Jeans von Levi's. „Die anderen 4 Prozent waren wahrscheinlich nackt“, sagt ein Levi's-Sprecher. 1984 trug Bruce Springsteen eine Levi's 501 auf dem Plattencover und dem Video von „Born in the USA“. Der Werbespot „Launderette“ brachte „Heard It Through the Grapevine“ 1985 auf Platz eins und machte das unbekannte Model Nick Kamen zum Star. In der Sowjetunion war die Levi's als Symbol westlicher Dekadenz verboten und damit ein begehrter und häufig geschmuggelter Fetisch.

In den 2000er-Jahren verlor die Marke Levi's an Glanz. Levi's waren nunmehr die Jeans, die Opa und Oma trugen. Außerdem erlebte die Mode der Jahrtausendwende eine Abkehr von allem, was als Americana bezeichnet wird, man verabschiedete sich vom „Team USA“ und zelebrierte den Nonkonformismus. Wer dennoch Jeans trug, griff entweder zu Diesel, Modedesignern oder eben No-Names.

Doch zwanzig Jahre später kehrt Levi's wie Phönix aus der Asche zurück. Seit Charles Bergh im Jahr 2011 das Steuer übernahm, befindet sich die Marke wieder im Aufwind und verzeichnet ein deutliches Wachstum. Superstars wie Beyonce zeigten sich in Levi's-Jeans und machten diese wieder begehrt. Auf der Straße sieht man plötzlich Jung und Alt mit großen roten Levi's-Logos auf ihren T-Shirts. Levi's ist zurück.

Abercrombie & Fitch war ursprünglich ein Hersteller für Outdoor-Kleidung, dessen Geschichte bis ins 19. Jahrhundert reicht. Unter der Leitung des Geschäftsführers Michael Jeffries erlebte die Marke in den 1990er-Jahren einen beispiellosen Hype. Jeffries führte das Unternehmen weg von seinen Wurzeln hin zu einem lässigen Stil, der auf eng anliegende Shirts und tief getragene Hosen setzte. Das Unternehmen ging 1996 an die Börse und erlebte ein rasantes Wachstum mit Hunderten Filialen und Milliardenumsätzen. Eine ganze Generation von jungen Menschen trug den bekannten Schriftzug auf ihren Shirts.

Abercrombie & Fitch geriet ab 2008 in Schwierigkeiten aufgrund von Klagen wegen Rassendiskriminierung und Fehlern im Einzelhandel, was zu erheblichen Verlusten führte. Der Niedergang setzte sich fort und das Unternehmen verzeichnete große Verluste. Heute sind die Läden von Abercrombie & Fitch aus den Straßen und Einkaufszentren verschwunden.

Aber auch in anderen Sektoren können wir Marken-Hypes beobachten. Jägermeister erlebte einen solchen Hype. In Deutschland hatte der Kräuterlikör bis in die 1990er-Jahre einen hohen Bekanntheitsgrad, aber das Image eines Magenbitters für ältere Männer. Neue Trends brachten Lifestyle-Getränke wie Bacardi oder Absolut Vodka an die Spitze und Jägermeister kämpfte mit sinkenden Verkaufszahlen.

In den USA wurde Jägermeister erstmals in New Orleans ausgeschenkt und verbreitete sich unter den College-Studenten. Das Geheimnis um seine Inhaltsstoffe trug zu einem mystischen Ruf bei und das Gerücht, dass Jägermeister Hirschblut und verbotene Drogen enthielt, weckte die Neugier der Studenten. 1985 erreichte Jägermeister in den USA nationale Bekanntheit, als ein Zeitungsartikel den Likör als „flüssiges Valium“ bezeichnete. Das führte zu einem explosionsartigen Anstieg der Verkäufe, besonders unter jungen Menschen. Der Importeur von Jägermeister, Sidney Frank, nutzte diese Popularität, indem er junge Frauen, sogenannte „Jägerettes“, auf Partys schickte, um Shots zu verteilen.

Der Erfolg kam, als man Shot-Girls auf Partys schickte

Um wettbewerbsfähig zu bleiben, entschloss sich das Unternehmen in den 1990er-Jahren, die Erfolge in den USA als Anstoß für eine Neuausrichtung der Marke in Deutschland zu nutzen. Man setzte auf eine junge Zielgruppe und bewarb das Getränk in der Club- und Eventszene. Letztlich erwies sich Sidney Franks Strategie auch in Europa als extrem erfolgreich und prägte das Image von Jägermeister als Partygetränk. Begonnen hat der Hype jedoch in einer kleinen Bar in der Bourbon Street in New Orleans, ganz ohne Werbung und ohne Marketingstrategie.

Wie entstehen Hypes und warum folgen Menschen einem Trend? Dieses Phänomen basiert auf einer menschlichen Verhaltensweise, die in der Soziologie als Bandwagon-Effekt oder als Mitläufereffekt bezeichnet wird. Wir Menschen neigen dazu, einer bestimmten Idee, Meinung oder Handlung zu folgen, wenn viele andere Menschen dies auch tun. Dieser Effekt ist in verschiedenen Bereichen des Lebens weit verbreitet, von Mode und Konsumverhalten bis hin zu politischen Entscheidungen und Investitionen.

Es gibt mehrere Gründe, warum Menschen dem Bandwagon-Effekt unterliegen. Zum einen ist es einfach der Instinkt, sich einer Gruppe anzuschließen. Wir haben von Natur aus ein Bedürfnis nach Zugehörigkeit und suchen nach Möglichkeiten, uns mit anderen zu identifizieren. Darüber hinaus spielt auch der „Social Proof" eine Rolle. Wir betrachten das Verhalten anderer als Hinweis darauf, was akzeptabel oder angemessen ist. Wenn wir sehen, dass viele andere Menschen eine bestimmte Handlung ausführen oder eine bestimmte Meinung vertreten, interpretieren wir dies als Hinweis darauf, dass diese Handlung oder Meinung richtig oder wünschenswert ist.

Wenn also ein bestimmtes Kleidungsstück oder Produkt plötzlich sehr beliebt ist und von vielen Menschen gekauft wird, steigt die Wahrscheinlichkeit, dass auch andere Menschen es kaufen, einfach weil es gerade im Trend liegt. Wenn eine politische Partei oder der Kandidat einer Partei eine große Anhängerschaft gewinnt und in den Umfragen gut abschneidet, fühlen sich Menschen dazu ermutigt, sich dieser Partei oder diesem Kandidaten ebenfalls anzuschließen.

Markenstores erobern die Stadt

Zia Poldina war eine betagte Dame. Die Cousine meines Großvaters wurde von uns einfach nur „Zia", zu Deutsch Tante, gerufen. Sie führte trotz ihres hohen Alters immer noch das alteingesessene Papiergeschäft in der Via Fillungo in Lucca. Obwohl es sich um eine enge, mittelalterlich gewundene Straße handelt, ist die Via Fillungo die wichtigste Einkaufsmeile der Stadt. Hier reihten sich die Läden der renommiertesten Händler aneinander. Die Zia war darüber hinaus stolz, dass ihre Schreibwarenhandlung zu den ältesten zertifizierten Montblanc-Fachhändlern Italiens zählte.

Montblanc ist berühmt für die Herstellung von exklusiven Schreibfedern und Füllhaltern. Allerdings war das Geschäft seit einiger Zeit rückläufig, denn niemand schrieb mehr Briefe mit der Feder. Das Hamburger Unternehmen entschloss sich daher, eine neue Richtung einzuschlagen. Der Name Montblanc war weithin bekannt und als Marke hochpreisiger Produkte in den Köpfen der Menschen verankert. Aus den Erfahrungen der Schweizer Uhren-Branche wusste man, dass der Aufstieg vom Qualitätsprodukt zum Luxusartikel die einzige Möglichkeit war, um in einer Welt zu überleben, in der Füllhalter genau wie mechanische Uhren zu überflüssigen Accessoires geworden sind.

Für den Aufstieg ins Luxussegment sind spezielle Markenstores unumgänglich. In solchen Erlebnisräumen, in denen vom Licht über die Möblierung und die Hintergrundmusik bis hin zum Duft alles aufeinander abgestimmt ist, kann die Marke erfolgreich inszeniert werden. Montblanc erweiterte das Sortiment um Reisegepäck, Uhren und Accessoires und es entstand eine Markenwelt rund um den Namen „Montblanc", die mit Schreibfedern nur noch am Rande zu tun hatte. Diese Strategie hat das Unternehmen vermutlich gerettet.

Zia Poldina war jedoch am Boden zerstört, als sie erfuhr, dass Montblanc ihren Händlervertrag nicht verlängern wollte. Immerhin hatte sie – wie ihr Vater zuvor – die Füllhalter über Jahrzehnte mit Stolz verkauft. Aber ein alter Laden mit abgetretenem Nadelfilzboden, Neonlampen über dem Tresen und einer Möblierung, deren Nussholzfurnier sich längst ablöste, repräsentierte nicht das neue Selbstverständnis der Marke Montblanc. Mittlerweile finden wir kaum noch Fachhändler in den Fußgängerzonen unserer Städte. Die meisten Marken betreiben heute ihre eigenen Stores als moderne Tempel, in denen die Produkte wie Reliquien ausgestellt werden und die Konsumenten die Marke erleben und verehren können.

Je weiter sich der Absatz von Waren ins Internet verlagert, desto weiter entwickeln sich Markenstores zu Plätzen, an denen der Aufbau und die Pflege der Beziehung zum Konsumenten im Vordergrund steht. Das Schlagwort „Erlebnisökonomie" bezeichnet einen großen Trend, demzufolge die Unterhaltung in jeden Aspekt der Wirtschaft eingedrungen ist. Die Verschmelzung von Shopping und Unterhaltung wird auch als „Shoppertainment" bezeichnet. Es handelt sich dabei in Wahrheit um keine neue Idee, sondern vielmehr um eine Wiederbelebung des alten Marktplatzes, an dem Feste gefeiert wurden und wo Musiker, Gaukler und exotische Schausteller auftraten. Diese Mischung aus Einkauf und Unterhaltung findet sich vermehrt in Flagship-Markenshops wieder. Diese neue Form ermöglicht nicht nur ein entsprechendes Erlebnis der jeweiligen Marke, es bietet den Konsumenten Freizeitvergnügen und Unterhaltung. Um die Menschen anzulocken, wird in solchen Stores eine außergewöhnliche Atmosphäre geschaffen wie in den Läden der Marke Rituals. Immer mehr werden auch Erlebnisse inszeniert, wie beim Seifenhersteller Lush.

Große Marken bauen ganze Erlebniswelten auf, die mehr an Themenparks oder interaktive Museen erinnern, wie das Lego Imagination Center oder das World of Coca-Cola-Museum in Atlanta. Bei diesen Attraktionen zahlen die Besucher sogar für den Eintritt, um die Welt der jeweiligen Marke in einer vom Hersteller kontrollierten Umgebung zu erleben. Marken sind zu kulturellen Pop-Ikonen geworden und die praktische Funktionalität der Marktplätze verwandelt sich in Erlebnisorte, die von Unterhaltung und Fantasie geprägt sind. Sie folgen dabei dem Vordenker Walt Disney, der vor einem halben Jahrhundert erkannte, dass Vergnügungsparks nicht nur für den Verkauf von Popcorn und Zuckerwatte, sondern auch für die Vermarktung von Produkten, Spielzeug, Sammlerstücken und Kinofilmen genutzt werden können.

Es zeigt sich, dass Konsumenten vermehrt nach solchem Entertainment verlangen und Unternehmen daher auf den „Kauf von Erlebnissen" setzen. Aufwendiges Dekor, elegante Oberflächen und aufregende Beleuchtung gestalten eine Bühne, die außergewöhnliche Erlebnisse bieten soll. Die Marke Hollister betreibt völlig schwarze Stores mit künstlichen Fenstern, die den Blick auf den Strand zeigen. Stores der Marke Rituals ahmen den Besuch eines Spa nach. Bei einem Brunnen unter einem künstlichen Baum kann sich der Besucher die Hände waschen, während Mitarbeiter Tee anbieten.

Die Zukunft wartet nicht

„Kein Bier?" Flo starrte enttäuscht in den offenen Kühlschrank. Markus hatte Grillsaucen, Kartoffeln und Brot und vor allem Dry Aged T-Bone-Steaks vom Fleischer gebracht. Ben und Nicole hielten je eine große Schüssel mit Salat und Couscous in den Händen. Meine Freunde aus Schultagen waren bereits ein eingespieltes Team, kamen sie doch einmal pro Jahr zum Grillen in unseren Garten. Für das Bier sorgte ich selbst und so war der Kühlschrank randvoll mit mehreren Dutzend Flaschen. Genau genommen befand sich zu diesem Zeitpunkt im Kühlschrank nichts anderes als Bier.

Ich: „Direkt vor deiner Nase!"

Flo: „Ich sehe viele Flaschen, aber kein Bier."

Ich: „Sondern??"

Flo: „Gösser ist kein Bier."

Jetzt verstand ich. Gösser war eine Brauerei in der Steiermark, die gemeinsam mit 18 weiteren Biermarken zur Österreichischen Brau Union gehörte, die im Jahr 2003 vom Heineken-Konzern übernommen wurde. Viele Bierliebhaber legen heute Wert darauf, Produkte von regionalen, unabhängigen Brauereien zu konsumieren. Seit Längerem wächst die Nachfrage nach regionalen Erzeugnissen, kleine Craft-Bier-Brauereien schießen wie Pilze aus dem Boden. Auch mein Schulfreund Flo bevorzugt regionale Produzenten, die für Authentizität und Individualität stehen. Durch den Konsum dieser Marken drückt er seine eigene Lebenseinstellung aus und zeigt damit, welche Werte ihm wichtig sind.

Lorenz und Mirco, zwei Studenten aus Hamburg, gründeten Fritz-Kola im Jahr 2002. Sie wollten den Giganten Coca-Cola und Pepsi eine Marke mit regionalem Bezug entgegensetzen. „Wir brechen das Cola-Monopol", sagten sie selbstbewusst. Die Marke Fritz-Kola baut auf der gut verankerten regionalen Identität des Hamburger Stadtteils St. Pauli auf. Die Menschen in St. Pauli sehen sich als rebellisch und unangepasst, davon zeugen die vielen Piratenflaggen an den Balkonen des Viertels. Die Geschichte von St. Pauli als sozial unterprivilegierte Hafengegend bietet den authentischen Nährboden für das rebellische Image, das – unterstützt durch den gut vermarkteten Fußballverein – über die Grenzen Deutschlands hinaus bekannt ist. Davon profitiert auch die Marke Fritz-Kola, die sich konsequent als unangepasster Herausforderer von Coca-Cola und Pepsi positioniert. Bars und Kneipen profitieren ihrerseits von diesem Image, denn wer sich als Gastronom regional glaubwürdig geben will, nennt sein Lokal „Gorilla Kitchen" oder „Omas Apotheke" und schenkt neben Craft-Bier auch Fritz-Kola aus.

In den 1980er- und 1990er-Jahren sah die Welt noch anders aus. Diese Jahrzehnte bildeten die große Ära der Fernsehwerbung. Die Globalisierung nahm langsam Fahrt auf und die

Verfügbarkeit internationaler Marken feierten die Menschen als Errungenschaft. In dieser Zeit konnte ein einziger Werbespot über das Image einer Marke entscheiden. Die besten Spots wurden in der Cannes-Rolle präsentiert, meist hatten diese Kurzfilme weder mit dem Produkt noch mit dem Unternehmen zu tun. Je einfallsreicher die Inszenierung einer Marke, desto erfolgreicher waren die Produkte.

In der digitalen Welt von heute sind diese klassischen Werbeformen zu Nischen geworden. Der spanische Modeproduzent Zara hat es an die Spitze der europäischen Modeindustrie geschafft, ohne einen einzigen Werbespot zu senden. Auch Tesla hat nie einen Cent für Werbung ausgegeben. Hier genügte der Bekanntheitsgrad des Gründers Elon Musk. An seiner Person scheiden sich zwar die Geister, aber eine echte Geschichte ist heute besser als tausend Werbespots. Unternehmen, die an der Spitze Persönlichkeiten mit Ecken und Kanten haben, scheinen im Marketing die Nase vorn zu haben.

Statt fantasievoller Werbung wünschen sich Konsumenten heute authentische Geschichten. Die Fernsehspots aus jener Zeit wirken mittlerweile künstlich und manieriert. Immer mehr Unternehmen sind daher um Glaubwürdigkeit bemüht. Kleine und junge Unternehmen haben es hier leichter, sie haben das, was für das öffentliche Image so wichtig geworden ist: „purpose“. Mit anderen Worten, sie haben eine Idee, wie sie die Welt zu einem besseren Ort machen wollen.

Auch das Technologieunternehmen Google startete mit einem solchen Ziel. Gegründet von den beiden Stanford-Studenten Larry Page und Sergey Brin, sollte Google eine Suchmaschine werden, die das Internet zu einer besseren Welt macht. „Don't be evil“ lautete das Motto des jungen Unternehmens, mit dem sie die „bösen“ etablierten Player am Technologiemarkt herausforderten. Heute ist Google selbst etabliert und tut sich schwer, die Rolle des Weltverbesserers glaubwürdig zu spielen. Daher entschloss man sich im Jahr 2018, das Motto zu streichen. 20 Jahre nach der Gründung hat man bei Google eingesehen, dass man mittlerweile selbst als „evil“ galt.

Immer mehr Marken nehmen zu gesellschaftlichen Themen Stellung. Kleine Player nutzen ihren Vorteil, dass sie – anders als die globalen Brands – nicht an der Börse notieren und daher nicht Everbody's Darling sein müssen. Ihnen gelingt es leichter, sich glaubwürdig für gesellschaftliche Werte einzusetzen. Fritz-Kola äußerte sich in der Vergangenheit mehrmals zum US-amerikanischen Wahlkampf und positionierte sich gegen Rassismus. Je stärker sich eine Marke mit eigenen Wertvorstellungen darstellt, desto leichter können sich die Konsumenten mit ihr identifizieren. Jüngere Generationen erwarten sogar, dass Marken klare Bekenntnisse abgeben und soziales Engagement zeigen. Die Konsumenten nutzen diese Marken ihrerseits, um sich selbst darzustellen und ihre eigenen Überzeugungen zum Ausdruck zu bringen.

Es spielt keine Rolle, wie viele Menschen die Marke hassen

Der ehemalige Football-Star Colin Kaepernick wurde bekannt, als er bei einem NFL-Spiel während der Nationalhymne niederkniete, um ein Zeichen gegen Rassismus und Polizeigewalt zu setzen. Kaepernick ist seitdem zu einem politischen und gesellschaftlichen Symbol geworden, das von den einen geliebt, von anderen verachtet wird. 2018 engagierte Nike den umstrittenen Athleten für einen Werbespot zum 30. Jubiläum des Slogans „Just Do It“. Nike hatte bereits vor Kaepernick mit kontroversen Symbolfiguren wie Tiger Woods und Andre Agassi zusammengearbeitet. Auch diesmal hoffte der Konzern aus Oregon, mehr Kunden zu gewinnen als zu verlieren. Zunächst machte die Nachricht von der abstürzenden Nike-Aktie die Runde, doch der Kurs erholte sich schnell und erreichte noch im selben Jahr ein Rekordhoch. Die Kontroversen blieben und es kam sogar zu Gegenreaktionen wie dem öffentlichen Verbrennen von Nike-Produkten.

„Es spielt keine Rolle, wie viele Menschen die Marke hassen, solange genug Menschen sie lieben", sagte Nike-Mitbegründer Phil Knight in einer Rede an der Stanford Graduate School of Business. „Man muss zu etwas Stellung beziehen, und das ist meiner Meinung nach letztendlich der Grund, warum die Kaepernick-Werbung funktioniert hat."

Konsumenten legen zunehmend Wert darauf, dass sich Marken für wichtige Themen in der Welt stark machen. Transparenz wird heute als eine der attraktivsten Eigenschaften einer Marke gesehen. Eine interessante Entwicklung, wenn man bedenkt, dass noch in den 1990er-Jahren die originelle Inszenierung der Marke den größten Erfolg versprach. Eine gut erfundene Geschichte, eine fantasievolle Umgebung und eine witzige Pointe waren vor 30 Jahren die Grundlage für eine erfolgreiche Markenführung. Heute wünschen sich laut einer Studie von Accenture 62 Prozent der Konsumenten, dass sich die großen Marken für wichtige Anliegen in der Welt einsetzen. Tatsächlich setzen immer mehr Unternehmen auf Umweltaktivismus, Nachhaltigkeit und soziales Engagement.

Ein Beispiel für diesen Trend ist die Outdoor-Marke Patagonia, deren erklärte Mission es ist, unseren Planeten zu retten. Lisa Pike Sheehy, Mitbegründerin von Patagonia, sagte, diese Mission sei aus ihren unmittelbaren Erlebnissen entstanden: „Wir sind selbst da draußen, wir lieben wilde Orte und das führte direkt dazu, dass wir sie schützen müssen." Als Yvon Chouinard, der zweite Gründer, erfuhr, dass der Ventura River in der Nähe des Unternehmens bedroht war, begann er sich persönlich für die Erhaltung des Flusses zu engagieren. Trotz anfänglichen Widerstands seitens der Regierung konnte der Fluss letztlich gerettet werden. Diese Form des Aktivismus sei nicht als PR-Aktion geplant gewesen, sie entsprang dem echten Anliegen der Firmengründer.

Konsumenten sind mittlerweile durchaus in der Lage, authentisches Engagement von Greenwashing zu unterscheiden. So wundert es auch nicht, dass Patagonia keine klassischen Werbeformen nutzt. Der einzige Werbespot, den das Unternehmen jemals geschaltet hat, war ein Aufruf gegen die Pläne der Regierung unter Donald Trump, den Schutz von Nationalparks und Naturdenkmälern einzuschränken. Solch gemeinnütziger Aktivismus steht nicht unbedingt im Widerspruch zu einem profitablen Geschäftsmodell, im Gegenteil. Corley Kenna, die bei Patagonia für Marketing und PR zuständig ist, sagte: „Wir haben festgestellt, dass es gut fürs Geschäft ist, wenn wir den Planeten an die erste Stelle setzen."

Es ist gut fürs Geschäft, wenn wir den Planeten retten

Eine der zentralen Erwartungen an Marken von heute seitens der Konsumenten ist Authentizität. Dieser oft gebrauchte Begriff bezieht sich auf Echtheit, unbestrittene Herkunft und Wahrhaftigkeit. Markenauthentizität ist besonders wichtig in unsicheren Zeiten, wenn Verbraucher zwischen Realität und Fälschung unterscheiden müssen. Menschen sehnen sich aber auch nach Authentizität als Reaktion auf die Homogenisierung des Marktes. Authentizität wird oft als Gegenpol zum Massenmarketing und zur Werbung gesehen. Marken entwickeln sich nach Meinung von Michael Beverland, Professor für Strategisches Marketing an der Universität Sussex, durch die Interaktion von Gemeinschaften, was die Rolle von Vermarktern infrage stellt. Konsumenten erwarten, dass hinter authentischen Marken nicht nur kommerzielle Motive, sondern vor allem Integrität und Engagement stehen. Während der Pandemie 2020 kehrten viele Menschen zu traditionellen, stabilen und sicheren Marken zurück. Es zeigte sich ein verstärkter Bedarf an Nachhaltigkeit und Kreislaufwirtschaft. Auch die Langlebigkeit von Produkten in ästhetischer und materieller Hinsicht rückt verstärkt in den Fokus der Konsumenten.

Übrigens: Flo hat letztlich doch noch ein paar Biere getrunken. Sie haben ihm auch geschmeckt. Es ging ihm schließlich nicht um den Inhalt, sondern darum, wofür die Marke stand und wie er sich damit positionierte – als kritischer Käufer authentischer Produkte oder als Rad in der Maschine des kollektiven Massenkonsums.

ORIE NTIE RUNG

„Mein Name ist Lohse, ich kaufe hier ein."

—Loriot in „Pappa ante portas", 1991

Wie wir Entscheidungen wirklich treffen,
wie uns Marken im Alltag leiten,
wieso wir Schubladen brauchen und
wie die Marken ein Eigenleben entwickelt haben

„Ich gehe noch einkaufen, wünschst du dir etwas?", fragte meine Mutter. „KnabberNossi!", rief ich. Dieser Snack für Kinder besteht aus einer geraden, dünnen Rinderwurst, die in einer länglichen Packung aus Aluminiumfolie angeboten wird. Das Produkt wurde 1979 eingeführt und wird seither im steirischen Ennstal hergestellt. Der Name leitet sich von Cabanossi ab, einer kalt geräucherten Rohwurst, deren Ursprung in Osteuropa vermutet wird.

Meine Mutter brachte mir, aus welchen Gründen auch immer, statt dem von mir bestellten Markenprodukt eine offene Wurst aus der Feinkostabteilung. Sie öffnete das Butterbrotpapier und darin eingeschlagen lag ein krummes, unansehnliches Ding. „Was ist denn das?", stieß ich entsetzt aus. „Das, was du wolltest." Meine Mutter zeigte kein Verständnis für meine Aufregung. „So was wollte ich nie und nimmer. Das ist ekelhaft!" Es ging noch einige Zeit hin und her, meine Mutter erklärte mir unermüdlich, dass es sich praktisch um dasselbe Produkt handelte, während ich bemüht war, meinem Entsetzen über diese Zumutung Ausdruck zu verleihen. Jeder, der Kinder hat oder selbst einmal ein Kind war, kennt solche Situationen.

Warum wollen Kinder immer wieder exakt das Gleiche und lassen nicht die kleinste Abweichung gelten? Wieso wollen sie jeden Abend die gleiche Gutenachtgeschichte hören? Warum lieben sie es, immer und immer wieder den gleichen Film zu sehen, obwohl sie schon mitsprechen können? Für Kinder ist die ganze Welt noch unbekannt und voller Ungewissheiten. Wiederholungen und feste Routinen wirken auf sie ausgleichend und geben ihnen Sicherheit. Nach nur einer einzigen Wiederholung ist bereits eine Tradition entstanden, die immer wieder eingefordert wird. So wird der Teddy überall mitgeschleppt und regelmäßig dieselbe Pizza bestellt. Die Psychologin Valeria Sabater erklärt, dass Kinder Gewohnheiten, Richtlinien und Routinen brauchen. Die Wiederholung sorgt für Behaglichkeit und Sicherheit. Von der eigenartigen Cabanossi-Wurst habe ich keinen Bissen genommen, trotz des Kopfschüttelns meiner Mutter. Wer die Wurst letztlich verspeist hat, kann ich nicht mehr sagen. Das Markenprodukt KnabberNossi kaufe ich indes heute noch gern.

Marken, die standardisierte Erlebnisse bieten, üben eine starke Anziehungskraft besonders – aber nicht nur – auf Kinder aus. Ein Beispiel dafür ist McDonald's, wo der Geschmack eines Big Mac zuverlässig gleich bleibt. Darüber hinaus sind die Verpackungen, die Geräuschkulisse im Restaurant und das gesamte Ambiente derart standardisiert, dass sie dem kindlichen Wunsch nach Kontinuität entsprechen. Die bunte und einheitliche Gestaltung der Umgebung, die Wiedererkennbarkeit der Figuren und die stets gleichen Melodien aus dem Lautsprecher schaffen ein vertrautes und verlässliches Umfeld. Diese Standardisierung fördert nicht nur die Wiedererkennung, sondern auch ein Gefühl der Sicherheit und Vorhersehbarkeit, und das ist Kindern besonders wichtig. McDonald's hat somit nicht nur eine konstante kulinarische Erfahrung geschaffen, sondern auch eine vertraute Markenwelt, die die kindliche Sehnsucht nach Beständigkeit bedient.

Auch Spielzeugmarken wie Lego haben es geschafft, Systeme zu entwickeln, die für standardisierte Zuverlässigkeit sorgen. Der Grund für diesen Erfolg liegt in der geschickten Balance zwischen bekannten und vertrauten Modulen einerseits und immer neuen, kreativ gestalteten Motiven andererseits. Kinder können sich auf die bewährte Form und Kompatibilität der Lego-Steine verlassen, was eine konsistente Erfahrung beim Bauen und Spielen gewährleistet. Gleichzeitig sorgen regelmäßige Einführungen neuer Themen und Sets dafür, dass Kinder ständig mit neuen Anregungen und Ideen konfrontiert werden, ohne dabei vertrautes Terrain zu verlassen. Lego hat somit nicht nur ein Spielzeug geschaffen, sondern ein flexibles und anpassungsfähiges System, das das kindliche Bedürfnis nach Beständigkeit einerseits und die Neugier auf Neues andererseits perfekt ausbalanciert.

Entscheidungen und andere Irrtümer

Lange Zeit wurde mit dem Modell des „Homo oeconomicus" angenommen, dass der Mensch ein rationales Wesen ist, das Entscheidungen aufgrund von informierten Überlegungen trifft. Die Wissenschaft ist sich heute jedoch einig, dass wir die meisten Entscheidungen nicht mit dem rationalen Verstand treffen, wie angenommen. Daniel Kahneman und Amos Tversky haben dieses emotionale und unbewusste Entscheidungssystem als „schnelles Denken" bezeichnet. In seinem Buch „Schnelles Denken, langsames Denken" untersucht Kahneman die zwei Hauptarten des Denkens: das intuitive und schnelle System eins sowie das rationale und langsame System zwei. Kahneman erklärt, wie diese beiden Systeme unser Denken und Entscheidungsverhalten beeinflussen und wie sie oft zu systematischen Denkfehlern führen können.

Unsere Großhirnrinde, die für das langsame, rationale Denken zuständig ist, hilft uns lediglich dabei, bereits in System eins getroffene Beschlüsse zu verstehen und zu begründen, während unsere Entscheidungen woanders getroffen werden. Wissenschaftler nehmen an, dass dies in unserem emotionalen Zentrum geschieht. Der Chriurg Paul Broca hat im 19. Jahrhundert für diesen Teil des Gehirns die Bezeichnung „Limbisches System" eingeführt. Anatomisch ist das Limbische System im Gehirn weit verstreut. Es soll vor allem für unsere Emotionen zuständig sein, aber auch das Gedächtnis und den Antrieb beeinflussen. Auf Basis dieser Erkenntnisse entwickelte der Neurowissenschaftler Hans-Georg Häusel Ende der 1990er-Jahre ein Konzept, um die wissenschaftlichen Erkenntnisse für Marketing und Vertrieb anwendbar zu machen. Das Modell basiert auf der Annahme, dass unser Konsum- und Kaufverhalten sowie unsere Markenpräferenzen auf den Emotions- und Motivsystemen des Limbischen Systems beruhen.

Im Limbischen System wirken demnach drei zentrale Motive: Balance, Dominanz und Stimulanz. Diese drei Motivsysteme beeinflussen einen Großteil unserer Entscheidungen. Balance steht für den Wunsch nach Sicherheit und Ordnung. Menschen, bei denen dieses Bedürfnis besonders stark ausgeprägt ist, suchen nach Beständigkeit, Harmonie und Ausgleich. Stimulanz steht für unseren Trieb nach Entdeckung, Neugier und Genuss. Menschen, die über ausreichend Dominanz verfügen, streben nach Autonomie und Macht.

Unsere Persönlichkeit, heißt es, wird stark von der unterschiedlichen Gewichtung dieser drei Bedürfnisse beeinflusst. Bei Richard Branson oder Ernest Shackleton herrscht vermutlich eine Kombination aus Dominanz und Stimulanz vor. Sie sind unerschrockene Draufgänger, immer auf der Suche nach Abenteuern und neuen Entdeckungen, bei denen sie kein Risiko scheuen. Uns alle faszinieren die Geschichten solcher Menschen, vielleicht weil sie relativ selten sind. Bei den meisten Menschen ist nämlich Balance das vorherrschende Motiv, verbunden mit kleinen Anteilen von Stimulanz und Dominanz.

McDonald's weiß über diese Gewichtung genau Bescheid. Daher besteht das Angebot zu einem Gutteil aus vertrauten Gerichten wie dem Big Mac, die für Kontinuität und Vertrautheit sorgen. Die veränderlichen, saisonalen Produkte befriedigen den Wunsch nach Stimulanz. Ketten wie Starbucks leben gut davon, dass sie an jedem Ort der Welt für ein gewohntes Erlebnis sorgen. Vom Interieur bis hin zum Prozess der Bestellung ist alles vereinheitlicht. Wenn wir einen Starbucks betreten, können wir uns darauf verlassen, dass wir eine vertraute Umgebung vorfinden und keine unangenehmen Überraschungen erleben. Aufgrund unseres Bedürfnisses nach Balance sind wir bereit, dafür höhere Preise zu bezahlen.

Die Reaktionen reichten von Empörung bis zu Panikattacken

Im Jahr 2007 nutzte Burger King dieses Prinzip für eine der größten PR-Aktionen seiner Geschichte. Anlässlich des 50. Geburtstags des Whoppers, dem bekanntesten Burger der Kette, wurden die Verkäufer in mehreren Restaurants durch Schauspieler ersetzt. Diese wurden angewiesen, den Kunden mitzuteilen, dass der Whopper nicht mehr im Sortiment sei: „We discontinued the Whopper." Die Reaktionen der Menschen reichten von Empörung über Verzweiflung bis hin zu regelrechten Panikattacken. Das gesamte Szenario wurde dabei mit versteckten Kameras aufgezeichnet und das Video verbreitete sich rasant im Internet. Sowohl lokale als auch nationale Medien griffen die Geschichte auf und die Aktion ging als „Whopper Freakout" in die Annalen der Marketinggeschichte ein. Dieser geniale Coup von Burger King verdeutlicht nicht nur die emotionale Beziehung der Kunden zu ihren Lieblingsprodukten, sondern das starke Bedürfnis der Menschen nach Sicherheit und Kontinuität, die sie bei großen Marken zu finden hoffen.

Immer wieder unterschätzen Unternehmen das vorherrschende Bedürfnis ihrer Kunden nach Balance und überschätzen gleichzeitig deren Bedürfnis nach Stimulanz. Indem sie Produkte immer wieder verändern, mit neuem Geschmack versehen oder in neue Verpackungen stecken, riskieren sie, die treuen Anhänger der Marke zu enttäuschen und zu verlieren. Warum gibt es dann so viele Veränderungen in der Markenwelt? Oft passiert es, dass ein neu bestellter Manager seine eigene Linie durchsetzen möchte. Dazu beauftragt er eine Agentur, das Logo zu ändern, Verpackungen auszutauschen und Produkte umzugestalten.

Dieser geballten Kombination aus Dominanz der Management-Etagen und Stimulanz der Kreativ-Agenturen stehen die Konsumenten mit ihrem Hauptmotiv Balance gegenüber, die nicht nachvollziehen können, warum Raider zu Twix, Agip zu Eni und Ata zu Bref geändert wurden. Der Drang der Produzenten, immer wieder Neues anzubieten, wird zusätzlich durch den Wettbewerbsdruck befeuert. Wenn das eine Unternehmen ein neues Logo oder eine neue Geschmacksrichtung einführt, folgen die Konkurrenten sofort diesem Beispiel. Die Angst, altmodisch zu wirken oder einen Trend zu verpassen, treibt Produzenten zu ständigen Veränderungen an.

Um die Jahrtausendwende gab es einen besonders großen Schub an solchen Veränderungen. Es war die Zeit der großen Fusionen und der aufkommenden Internet Economy. Das verleitete zahlreiche Unternehmen dazu, sich ein neues Image zu geben. Das Management glaubte, dass die digitale Revolution von einem kollektiven Wunsch der Menschen nach Innovation und Veränderung getragen wurde und sie diesem Wunsch Rechnung tragen müssten. So hat sich im Jahr 2000 der Telekommunikationsbereich der Österreichischen Post kurzerhand in „Jet2Web“ umbenannt. Aus Sicht der Konsumenten verschwand damit eine vertraute Marke, die ihre Wurzeln im 15. Jahrhundert hatte. Das Unternehmen wurde in der Folge laufend umbenannt und ist mittlerweile unter der Marke A1 zur Ruhe gekommen.

Ebenfalls im Jahr 2000 überraschte die britische Royal Mail mit dem neuen Namen „Consignia“. Dieser Schritt war sowohl bei Mitarbeitern als auch bei Kunden so unbeliebt, dass das Unternehmen drei Jahre später wieder zum Original zurückkehrte. Im selben Jahr tauschte BP sein bekanntes Wappen gegen eine grüngelbe Sonne. Im Jahr 2008 wollte sich Pepsi mit einem dreidimensionalen Logo neu erfinden. Erst 2023 kehrte man zum alten Markenzeichen zurück.

Procter & Gamble änderten im Jahr 2000 den Namen ihres Spülmittels „Fairy“ in „Dawn“ um. In den USA gewöhnten sich die Konsumenten daran, in Deutschland jedoch nicht. Nur drei Jahre später erhielt das Spülmittel seinen ursprünglichen Namen Fairy zurück. Als das Versandhaus Quelle 1999 in Nöte kam, wollte das Management mit dem neuen Namen „Arcandor“ für frischen Wind sorgen, was jedoch erfolglos blieb. Viele Unternehmen wollten um die Jahrtausendwende wenigstens ihr Logo modernisieren, meist wurde dieses mit einer dynamisch geschwungenen Linie versehen, denn die Ära des Internet-Booms wurde mit hohen Geschwindigkeiten assoziiert. Wörter wie Surfen, Information Highway oder Datenautobahn bestimmten die Sprache. Da wollte niemand mit einem Logo aus dem 20. Jahrhundert alt aussehen.

Heute sind die dynamischen Markenzeichen weitgehend verschwunden. Nichts wirkt heute so unmodern wie die Datenautobahn und ihre Ästhetik. Burger King, Pepsi und Pizza Hut sind mittlerweile zurückgekehrt zu ihren Logos aus den 1970er-Jahren. Auch die österreichische Wäschemarke Palmers firmiert heute wieder unter dem Markenzeichen von damals.

Für Konsumenten sind Marken vertraute Gesichter und zuverlässige Begleiter. Laut einer aktuellen Studie mögen 73 Prozent der Menschen Retro-Marken. Davon zeugt auch die Beliebtheit der Retro-Autos Fiat Cinquecento und Mini. Gerade in einer Zeit, die wir durch Pandemie, Kriege, Klimakrise und Inflation als unsicher und bedrohlich erleben, versprechen Marken aus der guten alten Zeit nicht zuletzt Sicherheit und Stabilität.

Als Kleinkind wurde ich oft von meiner Großmutter gebadet. Nach dem Bad cremte sie mir stets das Gesicht mit Nivea Creme ein. Dazu tupfte sie zunächst mit dem Finger vier Punkte der weißen Creme auf mein Gesicht, um diese anschließend zu verteilen. Der erste Punkt landete auf meiner Stirn, je einer auf jeder Wange und zum Schluss einer auf der Nasenspitze. An diesem Moment der Prozedur unterbrach ich sie, denn ich wollte mich mit dieser Kriegsbemalung im Spiegel betrachten. Alle sinnlichen Erinnerungen – von der Farbe der Verpackung, dem Geruch und der Konsistenz der Creme bis hin zum Geräusch des Abziehens der Alufolie – haben sich unauslöschlich in mein Gedächtnis eingebrannt. Und obwohl es heute Cremen gibt, die eine weichere Konsistenz und einen besseren Geruch haben, wird in meiner Vorstellung keine jemals an Nivea herankommen.

Für dieses Phänomen prägte der portugiesische Neurowissenschaftler António Damásio den Begriff „Somatische Marker". Dabei handelt es sich um emotionale Erinnerungen, die im Frontallappen unseres Gehirns abgespeichert werden.

Sie helfen uns dabei, schnelle Entscheidungen zu treffen, eine heiße Herdplatte zu meiden oder ein bekanntes Produkt zu kaufen. Damásio fand heraus, dass Menschen, bei denen die betreffende Region im Gehirn durch einen Unfall oder einen Tumor beschädigt worden war, große Schwierigkeiten bei den einfachsten Entscheidungen im Alltag hatten, obwohl ihr Verstand selbst nicht beeinträchtigt war.

Ohne diese somatischen Marker war es für die Patienten ausgesprochen schwierig, sich morgens für ihre Kleidung zu entscheiden oder mittags für eine Mahlzeit. Das rationale Denken, so die Schlussfolgerung Damásios, ist für das Treffen von alltäglichen Entscheidungen ungeeignet. Im Marketing verfolgt man diese Erkenntnis mit großem Interesse, da diese somatischen Marker auch für Kaufentscheidungen verantwortlich sein können. Somatische Marker lassen mich automatisch im Kosmetikregal zu einer runden blauen Dose greifen. Das weiß man auch beim Hamburger Hersteller Beiersdorf, der die Creme im Jahr 1911 auf den Markt brachte und die blaue Verpackung über die Jahrzehnte kaum verändert hat.

Verwirrung im Regal

Ich verbrachte den Urlaub mit Jasmin in der Türkei und mein Auftrag lautete, Milch zu holen. Milch heißt auf Türkisch „süt", das war die einzige Information, die ich hatte. In den endlos langen Korridoren präsentierte sich mir eine unüberschaubare Zahl von Produkten mit weißem Inhalt. Jeder Produzent benutzte sein eigenes Farbleitsystem, um die Unterscheidung zwischen Frischmilch, Vollmilch, Haltbarmilch, teilentrahmter und laktosefreier Milch zu erleichtern. Eine Stunde später hatte ich drei Produkte in die engere Auswahl genommen und mir wurde klar, wie wenig Aufwand dieser

Vorgang in vertrauter Umgebung benötigt. Dort erkenne ich alle wichtigen Produkte auf den ersten Blick, denn ich habe ihre Bilder im Laufe der Zeit abgespeichert. So gelingt mir der Einkauf zu Hause in kürzester Zeit, ohne dass ich bei jedem Produkt die kleingedruckten Informationen auf der Verpackung studieren muss. Ich greife automatisch zu Produkten, die ich kenne und regelmäßig kaufe.

Wir alle haben unsere bevorzugten Marken im sprichwörtlichen Hinterkopf, wo wir das Bild der Verpackung zusammen mit vergangenen Erlebnissen mit diesem Produkt abgespeichert haben. Wir rufen in Sekundenbruchteilen diese kombinierte Information ab, die Geruch, Geschmack, Konsistenz und den ungefähren Preis enthält. Um diese Erinnerung abzurufen, denken wir nicht im klassischen Sinn, uns genügen die Bilder der vertrauten Marken, die ein wunderbares Orientierungssystem bilden.

Für unseren Organismus ist das ein wichtiger Vorteil, denn er spart wertvolle Ressourcen. Bei sich wiederholenden Entscheidungen drücken wir einfach auf „Repeat". Mit jedem dieser schnellen Entschlüsse erübrigt es sich, unser energiehungriges Großhirn einzusetzen. Das Gehirn ist ohnedies für ein Fünftel unseres gesamten Energieverbrauchs verantwortlich, das ist täglich mehr als das Hundertfache des Verbrauchs eines Smartphones. Jede Entscheidung, die wir automatisieren, spart Energie. In der Psychologie spricht man von „kortikaler Entlastung". Marken bilden ein Orientierungssystem, das wir im Alltag als Wegweiser und Abkürzung nutzen und so Energie sparen.

Im Jahr 2009 beschloss die Geschäftsleitung des Pepsi-Konzerns, der Verpackung des Orangennektars Tropicana ein neues Design zu verpassen. Die bisherigen Verpackungen stammten aus den 1970er-Jahren und hatten die Anmutung eines Marktstandes. Das erschien dem Management nicht mehr zeitgemäß und man beauftragte eine renommierte Agentur, um die Marke Tropicana ins 21. Jahrhundert zu führen. Der neue Entwurf zeigte eine große angeschnittene Orange, deren Schnittfläche sich über die Kante auf zwei Seiten der Packung erstreckte. Innerhalb des Fruchtfleisches war in einer weißen, modernen Schrift „Tropicana" zu lesen. Der Entwurf durchlief verschiedene Studien, in denen die Verpackung einem Testpublikum zur Begutachtung gezeigt wurde.

Das neue Design erhielt gute Bewertungen, wurde hier und da noch angepasst und schließlich produziert und in die Märkte ausgeliefert. Was dann passierte, hatte niemand erwartet: Die Verkäufe brachen komplett ein. Im Management brach Panik aus. Wo war der Fehler? Gefiel den Kunden die Packung etwa nicht? Irgendetwas hatte man übersehen, aber was? Es stellte sich heraus, dass die Kunden in den Supermärkten das Produkt nicht erkannten und einfach daran vorübergingen. Im Vorbeigehen erkannten sie die vertraute Packung nicht und kehrten ohne Orangensaft vom Einkauf zurück.

Im Marketing verwendet man dafür den Ausdruck „Moment of Truth". In den Fokusgruppen hatte noch alles funktioniert, die neue Verpackung wurde auf Herz und Nieren getestet. Allerdings erfolgte das unter Laborbedingungen, nicht in der realen Welt. In der Testanordnung saßen die Teilnehmer still und starrten minutenlang auf eine einzige Verpackung. So verhalten wir uns nicht im Supermarkt. Wir laufen durch die Gänge und denken dabei an mehrere Dinge gleichzeitig. Unsere Wahrnehmung ist nicht auf ein Objekt fixiert, sie springt hin und her.

Es ist erwiesen, dass wir während solcher Augensprünge kaum neue Informationen aufnehmen können. Wenn wir einkaufen, gehen wir sozusagen mit einem Rundblick durch die Gänge und tasten die Umgebung nach wiedererkennbaren Zeichen, Farben und Formen ab. Das meiste davon, das wir nicht kennen, wird dabei herausgefiltert. Die Konsumenten sind am Regal von Tropicana vorbeigegangen, weil sie ihre vertraute Marke nicht erkannten. Wahrscheinlich hätten die meisten von ihnen die neu gestaltete Packung durchaus ansprechend gefunden, sie haben sie einfach nicht gesehen.

Marken sind Symbole, die wir im Kopf mit Erfahrungen, Erinnerungen und Emotionen abgespeichert haben. Vom Management der Unternehmen wird das oft vergessen, wenn große Änderungen im Erscheinungsbild beschlossen werden. Das Gedächtnis und die Gewohnheit der Menschen lassen sich nicht auf Knopfdruck ändern. Tropicana kehrte reumütig zur alten Verpackung zurück und die Umsätze erholten sich.

Marken spielen eine entscheidende Rolle in unserem Leben, indem sie uns Orientierung bei täglichen Entscheidungen bieten. Statt verschiedene Produkte durch Studium der Packungstexte miteinander zu vergleichen, verlassen wir uns auf vertraute Bilder. In einem unübersichtlich großen Angebot an Produkten helfen uns Marken, rasche Entscheidungen zu treffen, den Einkaufsprozess zu vereinfachen und Zeit zu sparen.

Albert wollte sich einen neuen Fernseher zulegen. Sein bestehendes Gerät war zehn Jahre alt und mit dem Smart-TV-System von damals konnte er die aktuellen Angebote einiger Streaming-Dienste nicht mehr nutzen. Albert wollte sich im Internet über die aktuellen Produkte informieren, deren Funktionen und Preise vergleichen und anschließend eine gut informierte Entscheidung treffen. Zunächst durchforstete er verschiedene Internetseiten mit Vergleichen, Rezensionen und Kundenbewertungen. Allerdings stellte sich der Großteil dieser Testberichte als Affiliate-Webseiten heraus. Es sind weitgehend fingierte Testergebnisse, über deren Verlinkung die Betreiber eine Provision für jeden Online-Kauf erhalten. Albert schloss die 14 Registerkarten seines Browsers. Eine weitere Stunde später klappte er auch den Bildschirm zu.

Am nächsten Tag suchte er nach der Arbeit den Elektronik-Fachmarkt eines nahe gelegenen Shopping-Centers auf. Er fragte den Verkäufer nach Geräten der Marke Samsung mit einer Bildschirmdiagonale von circa 50 Zoll. In dieser Kategorie waren drei Fernseher ausgestellt. Albert entschied sich für das geringfügig teurere Modell, das zusätzlich über eine komfortable Sprachsteuerung verfügte. Mit seinem Smartphone verglich er noch rasch den Preis des ausgestellten Geräts mit den Online-Angeboten im Internet. Die Differenz war relativ klein, sodass Albert den Fernseher gleich an Ort und Stelle erstand. Er schob das große Paket in den Kofferraum seines VW Passat Variant und fuhr nach Hause.

Dort angekommen baute er den Fernseher auf, verband das Netzkabel mit der Steckdose, gab das WLAN-Passwort ein und sah sich drei Folgen der Fernsehserie „Loudermilk“ an. Albert dachte noch kurz darüber nach, warum er sich letztlich für die Marke Samsung entschieden hatte, ihm fiel aber kein Grund ein. Es war wohl mehr ein Gefühl. Albert war dennoch zufrieden. Durch die irrationale Sympathie für die Marke Samsung konnte er den Entscheidungsprozess deutlich abkürzen, indem er ausschließlich die Produkte eines einzigen Herstellers miteinander verglich. Die Vielzahl der Angebote anderer Produzenten schloss er damit aus.

Unsere Sympathie für bestimmte Marken – bei gleichzeitigem Ausschluss anderer – hilft uns, die Komplexität einer Auswahl deutlich zu reduzieren. In einem Meer von Möglichkeiten bieten Marken ein Begrenzungsfeld, das durch persönliche, oft unbewusste Vorlieben definiert wird. Marken bieten eine willkommene Heuristik in der Entscheidungsfindung, ohne die wir in einer Welt des Überflusses verzweifeln würden.

Es gibt allerdings auch Menschen, die nicht wie Albert diese Heuristik zur Komplexitätsreduktion nutzen, um ihre Entscheidungen zu beschleunigen. Sie nehmen sich die Zeit, lange und ausführlich die Spezifikationen von Produkten zu vergleichen, wobei sie sich nur in geringem Maße von Markenvorlieben beeinflussen lassen. In der Fernsehserie „The Big Bang Theory" steht Sheldon, den ein analytischer Charakter auszeichnet, nach Stunden immer noch vor dem Regal eines Elektronik-Marktes, weil er sich nicht zwischen zwei Spielkonsolen, der PS4 und der Xbox One, entscheiden kann. Der Vergleich der technischen Daten hat zu einem Gleichstand geführt, der ihm die Auswahl letztlich unmöglich macht. Da Sheldon keine emotionale Präferenz für eine der beiden Marken hat, ist er zu keiner Entscheidung fähig. Von seinem sprichwörtlichen Erstarren wird Sheldon bei Ladenschluss vom Sicherheitspersonal erlöst. Diese Szene mag überzeichnet sein, zeigt aber, wie sehr uns die irrationale Bevorzugung bestimmter Marken sowohl bei alltäglichen als auch bei wichtigen Entscheidungen helfen kann.

Das Etikett bleibt dran

In der bildenden Kunst der alten Ägypter gab es eine kuriose Eigenart. Während europäische Bildhauer die Standbilder mit dem Aussehen und den Gesichtszügen der dargestellten Personen versahen, sahen die Statuen der Pharaonen alle gleich aus. Vergleichbar mit den einheitlichen Gesichtern von Lego-Figuren, hatten die Statuen der alten Ägypter keinerlei

Ähnlichkeit mit einer bestimmten Person. Eine Statue bekam ihre Identität erst durch ein Schild am Sockel, auf dem der jeweilige Name eingraviert war. Anhand dieser Beschriftung konnte man ablesen, ob die Statue Nofretete, Amenhotep oder einen anderen Pharao repräsentierte.

Die Bedeutung einer solchen standardisierten Statue hing somit ausschließlich vom Etikett ab. Wurde die Plakette entfernt oder beschädigt, dann hatte das große Auswirkungen auf den kulturellen Wert der Statue, denn ohne Beschriftung war sie nur noch eine allgemeine Figur ohne Bedeutung. Was wie eine Besonderheit der ägyptischen Kunst wirkt, ist in Wahrheit ein universelles Verfahren aller Kulturen. Die Bedeutung, die wir einer Sache, einer Person oder einem Ereignis geben, hängt im Wesentlichen vom Etikett ab.

Vor einigen Monaten traf ich ein befreundetes Paar bei einem Besuch im Second-Hand-Laden. Wir stöberten ein bisschen herum, bis mein Bekannter eine Jeans herauszog. Er betrachtete sie erst prüfend, dann skeptisch und wollte sie schon wieder zurücklegen, als seine Freundin sagte: „Das ist ja eine Diesel." Er betrachtete die Hose von Neuem, diesmal allerdings mit einem anerkennenden Gesichtsausdruck. Der Wert der Hose hatte sich in nur einer Sekunde völlig verändert und sie wurde schließlich gekauft. Marken sind Etiketten, die einem beliebigen Gegenstand einen Kontext verleihen, ähnlich wie das Etikett auf den ägyptischen Statuen. Die Jeans erhielt ihre Bedeutung nicht durch ihre physischen Eigenschaften, sondern aufgrund des Etiketts. Die Hose war somit kein anonymes Kleidungsstück mehr, sondern ein Repräsentant einer Marke.

Während der Vorgespräche zu diesem Buch fragte mich der Verlag, in welche Kategorie mein Manuskript fiel. Ich antwortete das, was wir alle gern in so einem Fall sagen: „Es passt in keine Schublade." Ich erntete mitleidige Blicke. Offensichtlich hatte man diese Antwort schon oft gehört: „Wenn Sie mir keine Kategorie nennen, landet es im Buchhandel bei den Kochbüchern."

Schubladen sind nicht nur praktisch, sie sind oft sogar lebensnotwendig, trotzdem wehren wir uns dagegen. Alle Lebensberater rufen uns im Chor zu: „Lass dich nicht in eine Schublade stecken!" Die europäische Geschichte hat uns das Konzept der Individualität geschenkt und wir sind laufend damit beschäftigt, unsere Einzigartigkeit zu betonen. Die Einordnung in eine Kategorie empfinden wir als Kränkung. So wehrte auch ich mich dagegen, in eine Schublade gesteckt zu werden. Dabei vergaß ich, dass ich umgekehrt sehr wohl jedes Ding, jeden Menschen und jede Idee in eine Schublade werfe. Schon anhand der äußeren Erscheinung kategorisieren wir alle jedes Gegenüber in Sekundenbruchteilen. In Gesprächen hören wir oft nur so lange zu, bis wir zu wissen glauben, welcher Weltanschauung der andere anhängt. Alle weiteren Äußerungen erhalten ihre Bedeutung durch dieses Etikett. Wenn mein Gesprächspartner sagt: „Es wird wieder warm", dann hat der Satz eine bestimmte Bedeutung, wenn ich ihn vorher als Umweltschützer eingestuft habe. Eine ganz andere Bedeutung bekommt derselbe Satz, wenn ich mein Gegenüber als Wintersportler eingeordnet habe.

„Ich lebe mit Schubladen, sie erleichtern das Leben", antwortete George Clooney im Film „Up in the Air" aus dem Jahr 2009, als er von seiner jungen Kollegin eines Vorurteils bezichtigt wurde. Entgegen unserer idealisierten Vorstellung sind Vorurteile und Schubladendenken fest im menschlichen Gehirn verankert. „Diese Eigenschaft war notwendig, um unsere steinzeitlichen Vorfahren vor Gefahren zu schützen", weiß Steven Neuberg, Professor für Sozialpsychologie. Neuberg erforscht an der Arizona State University, wie Vorurteile und

Stereotype unser soziales Verhalten beeinflussen. Es liegt in unserer Natur, alles mit einem Etikett zu versehen, noch bevor wir uns mit einer Person, einem Gegenstand oder einer Idee auseinandersetzen. Zumindest in der Theorie besitzen wir alle die intellektuelle Fähigkeit, unsere Etiketten von Zeit zu Zeit zu überprüfen und gegebenenfalls zu ändern. Im Gegensatz zu Lebensberatern sagen Marketing-Berater daher: „Wenn du dir selbst keine Schublade wählst, bestimmen die anderen, in welcher du landest."

Wir brauchen Einordnungshilfen, um die Dinge um uns zu beurteilen. Die moderne Erkenntnistheorie kommt zu der Überzeugung, dass wir alles nur in Bezug auf das vorhandene System erkennen: „Das Ding an sich gibt es nicht, sondern nur das, was wir darüber denken." Wir brauchen eine Schublade, sonst hört jedes Ding auf zu existieren oder es landet bei den Kochbüchern.

Etiketten helfen nicht nur, Dinge in der richtigen Abteilung zu finden, sie helfen uns auch dabei, Erlebnisse einzuordnen und die geeigneten Verhaltensnormen abzurufen, wie die folgende Geschichte illustriert.

Nach einem arbeitsintensiven Monat wollten sich Tanja und Philipp eine kurze Auszeit gönnen. Eine Reise über das verlängerte Wochenende nach Barcelona sollte die erhoffte Erholung bringen. Tanja hatte schon im Voraus intensiv die Reiseführer studiert, denn der Trip in die Hauptstadt Kataloniens sollte perfekt werden. Schon Wochen vor der Reise hatte sie im Internet Eintrittskarten für die Sagrada Familia reserviert, da die Besuchszeiten üblicherweise schnell ausgebucht waren. Sie organisierte eine Busfahrt nach Monserrat, um gemeinsam mit Philipp die beeindruckende Berglandschaft zu erkunden. Der Mercat de la Boqueria stand ebenfalls auf ihrer Liste. Philipp trug seinen Teil zur Planung bei, indem er Karten für ein Fußballspiel des FC Barcelona im Camp Nou Stadion besorgte. Das Paar freute sich auf die Reise und wollte jede Minute seines Aufenthalts dazu nutzen, um unvergessliche Erinnerungen zu sammeln. An den drei Tagen in Barcelona läutete der Wecker morgens daher schon um 7.30 Uhr, damit Philipp und Tanja ihren durchgeplanten Tagesablauf einhalten konnten. Es verlief auch alles nach Plan, bis auf das kleine Missgeschick beim Ausflug nach Monserrat, als sie den Autobus knapp verpassten.

In der Woche nach ihrer Rückkehr ins Arbeitsleben fühlte sich Tanja genauso erschöpft wie vorher. Eigentlich bräuchte sie Urlaub vom Urlaub, grübelte sie. Früher einmal war sie mit einer Freundin verreist, die die Tage entspannter gestalten wollte, was Tanja ablehnte. Sie wollte jeden Moment der Reise nutzen, um so viel wie möglich zu erleben.

Einige Wochen nach ihrer Rückkehr las Tanja in einer Zeitschrift, dass in Südtirol ein neues Schlafhotel eröffnet hatte. In diesem Resort, das auch als „Sleep-Spa" bezeichnet wurde, sollten sich Menschen, die sich im Berufsleben ausgepowert hatten, so richtig erholen können. Aber was unterschied ein normales Hotel von einem Schlafhotel? Das Houskeeping würde wahrscheinlich erst am Nachmittag an die Tür klopfen und nicht schon wie üblich am Morgen. Aber das könnte man auch mit dem „Do not disturb"-Schild am Türknauf erwirken. Waren Türen und Fenster besonders schalldicht oder wurden spezielle Materialien verwendet, die einen besser schlafen lassen? Tanja und Philipp beschlossen, das Angebot auszuprobieren, schließlich hatten sie beim letzten Trip zwar viel gesehen, aber die dringend benötigte Erholung hatten sie nicht bekommen.

Als das Paar im Hotel ankam, wurde es bereits erwartet und freundlich begrüßt. Das Zimmer war ruhig und einladend, die Einrichtung war in sanften Farben gehalten. Die

Bergluft würde das Ihre dazu tun, dass sich die beiden hier so richtig erholen und den Stress der letzten Monate abbauen konnten. Das Abendessen präsentierte sich leicht und modern: Forellenfilet mit Karotten-Estragon-Creme und sautierten Waldpilzen. Philipp vermisste das Glas Wein, stattdessen gab es nur Wasser mit Zitronenmelisse.

Tanja dachte nach. Der wichtigste Unterschied zwischen einem Aufenthalt im Schlafhotel und einem Städtetrip war eigentlich die Erwartungshaltung, mit der sie an die Reise heranging. Niemand hätte sie daran gehindert, in Barcelona einen Gang herunterzuschalten und morgens auszuschlafen. Sie gestand sich ein, dass es ihre Einordnung im Kopf war, die den Unterschied machte. Das Etikett, das sie für die jeweilige Reise gewählt hatte, bestimmte ihre Erwartungen. Nun konnten Tanja und Philipp doch noch die Erholung finden, die sie dringend notwendig hatten. Vor allem aber konnten sie es diesmal ohne schlechtes Gewissen tun, denn das Etikett sorgte für die entsprechende Norm.

Etiketten können Ereignisse verändern und Erlebnisse beeinflussen. Hilke Plassmann, Professorin für Neuromarketing in Fontainebleau, interessierte sich dafür, wie sich unser Gehirn vom Etikett einer Weinflasche beeinflussen lässt. Gemeinsam mit Bernd Weber vom Center for Economics and Neuroscience der Universität Bonn machte sie einen Versuch mit erstaunlichen Ergebnissen. Sie reichten den Teilnehmern zwei verschiedene Weine zur Verkostung. Eine der beiden Weinflaschen hatte ein Etikett mit einem hohen Preis, die andere war mit einem niedrigen Preis ausgezeichnet. Während der Verkostung wurde die Aktivität der Gehirnregionen der Teilnehmer durch einen Kernspintomografen aufgezeichnet.

Der Wein mit dem teuren Etikett schmeckte den Menschen besser

Sämtliche Teilnehmer gaben an, dass ihnen der teure Wein besser geschmeckt habe. Was sie nicht wussten, war, dass beide Flaschen denselben Wein enthielten. Beim vermeintlich teuren Wein wurden andere Gehirnregionen aktiviert, und zwar das Frontalhirn und das ventrale Striatum. Hier sitzt in unserem Gehirn das Belohnungssystem, das den Teilnehmern der Studie ein besseres Geschmackserlebnis vorgaukelte. Die beiden Forscher haben nachgewiesen, dass unser Gehirn tatsächlich mehr Freude an einem Produkt hat, das zu einem höheren Preis angeboten wird.

Etiketten können in manchen Fällen lebensbedrohlich oder lebensrettend sein, wie die dramatische Geschichte aus der Kindheit des bekannten Psychologen und Autors Daniel Kahneman bezeugt. Als deutsche Truppen Frankreich besetzten, geriet die jüdische Familie Kahneman in Lebensgefahr. Eines Abends vergaß der kleine Daniel auf dem Heimweg die für Juden geltende Ausgangssperre. Seine Mutter hatte ihn eindringlich vor den deutschen Soldaten gewarnt, besonders vor jenen in schwarzen Uniformen. Als eben ein solch schwarzer Soldat auf ihn zukam, zog Daniel geistesgegenwärtig seinen Pullover verkehrt herum an, um den gelben Davidstern zu verbergen. Der SS-Mann grüßte den kleinen Danny freundlich, umarmte ihn und zeigte ihm ein Foto seines eigenen Sohns, der im gleichen Alter war. Zum Abschied gab er dem Buben sogar noch etwas Geld. Mit oder ohne den gelben Stern, Daniel war derselbe geblieben. Es war das Etikett – oder das fehlende Etikett – das die Realität veränderte. Später gab

Kahneman an, dieses Ereignis in seiner Kindheit hätte ihn dazu inspiriert, Psychologie zu studieren.

ZUGE
HÖRIG
KEIT

„Du vervollständigst mich!“

—Tom Cruise in „Jerry Maguire“, 1996

Wie wir in einer fragmentierten Welt nach neuen Gemeinschaften suchen, wie wir mit Marken unsere Persönlichkeit ausdrücken und wieso wir Rivalitäten lieben

Ich war etwas nervös. Ich würde zum ersten Mal meine Verwandten aus Amerika treffen. Mit 13 Jahren hatte mich die Pubertät ereilt und ich verhielt mich in Gesellschaft ruhig und zurückhaltend. Im Flur begrüßten meine Großeltern die Eindringlinge wie einen Staatsbesuch und führten alle ins Wohnzimmer. Es gab Kaffee und Kuchen, den meine Großmutter mithilfe eines Servierwagens auftrug, dessen Räder beim Hereinschieben laut quietschten. Es wurden Geschichten von Verwandten erzählt, die ich nicht kannte, und Anekdoten über Ereignisse, die lange vor meiner Geburt stattgefunden hatten.

Plötzlich geschah etwas Unerwartetes. Mein Großvater unterbrach die Gespräche mit einer herrischen Geste, gebot allen Anwesenden sich ruhig zu verhalten und schaltete den Fernseher ein, um die Hauptnachrichten zu sehen. Das tat er jeden Tag um dieselbe Zeit, egal, was um ihn herum geschah. Mir war die Sache recht peinlich und ich schämte mich für ein Land, deren Einwohner sich allesamt täglich zur selben Zeit vor den Fernseher setzten, als ob sie von einer höheren Macht gesteuert wurden.

Lange erfuhren die Menschen die Lebenswelt als weitgehend gemeinsames Erlebnis. Nachbarn, Arbeitskollegen und Verwandte hatten dieselben Bücher im Regal stehen und verfolgten dasselbe Fernsehprogramm. Der Begriff „Straßenfeger" bezeichnete in den frühen Jahren des Fernsehens einen Film, der so spannend war, dass alle zu Hause vor dem Fernseher saßen und die Straßen eben leer gefegt waren. In Österreich war es normal, dass sämtliche Familien des Landes eine Woche zum Skifahren gingen. Die Menschen teilten ähnliche

Freizeitaktivitäten und ein Großteil fühlte sich geeint in der Zugehörigkeit zu einer Nation oder einer Region. Wenn mich ein Mitschüler am Montag in der Schule fragte: „Hast du gehört?“, wusste ich, dass die Radio-Hitparade gemeint war. Wenn Erwachsene am Montag fragten: „Habt ihr gesehen?“, dann war klar, dass von der Fernsehshow „Wetten, dass ...?“ die Rede war.

Die vor einem halben Jahrtausend begonnene Individualisierung des Menschen hatte eine Pause eingelegt, bis sie in den 1980er-Jahren wieder in Schwung kam. Ein weiteres Jahrzehnt später wurde der Medienzugang liberalisiert, die Grenzen fielen und wir fanden uns in einer blinkenden Welt mit unendlichen Möglichkeiten wieder. In der Generation meiner Eltern spielte man Tennis und sah abends Derrick. Heute gehen meine Freunde zum Lacrosse oder Triathlon. Auf Netflix sehen sie Serien, von denen ich noch nie gehört habe, und sie sprechen über Events, die ich nicht kenne. Die Globalisierung hat es ermöglicht, dass aus jedem ausgefallenen Hobby eine große Community entstehen konnte.

Haben Sie schon einmal von Cosplay gehört? Bei diesen Veranstaltungen treffen sich Liebhaber asiatischer Fantasie-Comics und erscheinen in der Verkleidung ihrer Lieblingshelden. Der Trend, dessen Ursprünge in der japanischen Popkultur liegen, hat mittlerweile die ganze Welt erfasst. Neben regionalen Veranstaltungen wird seit 2003 auch der World Cosplay Summit ausgetragen, der jedes Jahr an einem anderen Ort der Welt stattfindet und an dem 40 Länder teilnehmen. Bei diesen zweiwöchigen Gipfeltreffen zählt man 300.000 Besucher, natürlich alle in Kostümen.

Vielleicht kennen Sie E-Sport. Das sind sportliche Wettkämpfe, die auf Computerspielen ausgetragen werden. E-Sport-Veranstaltungen haben mittlerweile einen größeren Zulauf als „echte“ Sportveranstaltungen, die Weltmeisterschaft 2023 wurde unter dem Titel „League-of-Legends“ in Korea abgehalten und verzeichnete den Rekord von 6,4 Millionen Zuschauern. Und immer mehr Musiker treten statt in Konzerthallen in den schnell wachsenden Gaming Communities auf. Die virtuelle Welt rund um das Computerspiel „Fortnite“ bildete 2020 die Bühne für ein virtuelles Konzert des Rappers Travis Scott. Die Spieler hatten die Möglichkeit, bei dem Event über ihre virtuellen Avatare mitzumachen und live zu interagieren.

Wir leben in einer fragmentierten Gesellschaft mit tausend Nischen, die durch weltweite Vernetzung bedeutende Dimensionen angenommen haben. Versammelten sich die Menschen in den 1970er-Jahren noch in Sportvereinen oder bei Nachbarschaftstreffen, so finden sich viele Menschen heute in virtuellen Gemeinschaften zusammen.

Vor einiger Zeit traf ich einen Schulkollegen nach zwanzig Jahren wieder. Er erzählte mir, dass er Buddhist geworden sei. Ich fand das vollkommen normal. Auch ich habe meine spirituelle Heimat weit entfernt von meiner ursprünglichen Kultur im Daoismus gefunden. Mein Schwiegervater stammt aus Persien und er erzählte über den Sufismus und die spirituellen Lehren des Mystikers Rumi. Wir erleben heute eine faszinierende Vielfalt von Ideen, Kulturen und Einflüssen und ich kann mir mittlerweile kaum mehr vorstellen, dass in meiner Kindheit ein evangelischer Mitschüler noch eine gewisse Exotik versprühte.

In einer fragmentierten Welt bilden sich ganz neue Arten von Gemeinschaften. Wir erleben gerade die Entstehung vieler kleiner Communities, die sich um ein gemeinsames Interesse oder Anliegen versammeln, aber auch großer, virtueller Gemeinschaften rund um Computerspiele und Soziale Netzwerke. Auch um Marken haben sich solche Gemeinschaften gebildet. Das Feld wird dabei von jenen Marken angeführt, die eine klare Haltung zeigen und sich für höhere Ziele einsetzen. Mit den Marken-Communites entstehen neue soziale Bündnisse in Form virtueller Stammesgesellschaften. Waren es früher die Wappen der Clans, die Symbole der Glaubensgemeinschaften oder die Flaggen der Nationen, so sind es heute Marken, die vielen Menschen auf der ganzen Welt Symbole für eine neue Form von Gemeinschaft und Zugehörigkeit bieten.

Dabei sein ist alles

Ich war neun Jahre alt. In der zweiten Klasse hatte ich zum allerersten Mal in meinem Leben das Gefühl, richtig groß zu sein. Finanzielle Investitionen und wichtige Entscheidungen, so fand ich, konnte ich jetzt selbst treffen und ich sah mich als autarken, selbstbestimmten Menschen. Eine der ersten Investitionen, die ich mit meinem neuen Selbstbewusstsein treffen wollte, betraf ein Paar Turnschuhe.

„Was sind Adidas Jeans?“ Meine Mutter sah mich skeptisch an. „Das sind Turnschuhe. Sie heißen Adidas Jeans.“ Es war definitiv unter meiner Würde, so wichtige Lebensentscheidungen mit Erwachsenen zu diskutieren, die in dem Thema nicht bewandert waren. Mit Jeans hatten die Schuhe eigentlich nichts zu tun, sie wurden dahingehend vermarktet, dass sie gut zu Blue Jeans passten. Es handelte sich um einen Laufschuh aus taubenblauem Veloursleder mit drei dunkelblauen Streifen auf der Seite, klassischer Keilsohle und dem typischen Hallenprofil.

Meine Mutter blieb entspannt und meinte: „Wir gehen zum Discounter und holen für dich etwas in der Art.“ In meiner Vorstellung hatte sich dieses Gespräch anders angehört. „Dazu müssen wir in ein Sportfachgeschäft.“ Ich hatte es bewusst nicht als Frage formuliert. Der ungeduldige Blick meiner Mutter verriet mir, dass sie gar nicht daran dachte, teure Markenschuhe zu kaufen, aus denen ich in ein paar Monaten herausgewachsen sein würde. Für diesen Fall hatte ich mir ein Argument zurechtgelegt, das ich für stichhaltig hielt: „Die anderen in meiner Klasse haben diese Schuhe auch." Sicherlich wissen Sie bereits, was ich jetzt zu hören bekam, denn Sie haben diese Worte selbst unzählige Male zu Ihren eigenen Kindern gesagt: „Nur weil andere es haben, heißt das nicht, dass wir es brauchen." Oder in der verschärften Form: „Wenn alle aus dem Fenster springen, springst du dann auch?" Damit war mein argumentatives Pulver verschossen und ich hatte keine andere Wahl, als zu Plan B überzugehen, den jedes Kind auf dieser Welt beherrscht: jeden Tag lästig sein.

Wenn alle aus dem Fenster springen, springst du dann auch?

Der Grund für meine Obsession hieß Erich. Er war der größte, stärkste und meiner Meinung nach der nachahmenswerteste Junge der Klasse. Er war der Meinungsführer meiner Peergroup, mein Influencer. Erich besaß diese Schuhe nicht nur, er trug sie mit einer unnachahmlichen Würde. Er hatte sie offenbar schon so lange, dass das taubenblaue Wildleder eine graue Patina bekommen hatte, die die Schuhe noch wertvoller erscheinen ließ. Erich war ein Siegertyp und dieser Schuh war das Symbol des Siegerteams.

Aber es war nicht allein Erich, der zu meiner Obsession geführt hatte. In diesem Jahr erwartete ich das wichtigste Ereignis meines jungen Lebens, die Fußballweltmeisterschaft in Argentinien. Für einen neunjährigen Jungen ist Fußball die wichtigste Sache im Leben. Mein Bett war voll mit Aufklebern der Spieler und an meinem Schlüssel baumelte ein Gauchito, das Maskottchen der Weltmeisterschaft. Die ganze Klasse sammelte die Aufkleber mit den Porträts der Spieler, die wir in unser Panini-Sammelalbum einklebten und um die ein reger Tauschhandel entbrannt war. Von den Abläufen und den Regeln des Bewerbs hingegen verstand ich wenig.

Doch mir fiel etwas auf: Ein Großteil der Mannschaften, die bei dieser WM antraten, waren in Adidas-Trikots gekleidet. Nahezu alle Spieler hatten drei Streifen auf den Schultern. Nur Österreich trat bei diesem Bewerb in Dressen der Marke Puma an, was ich als ganz große Schande empfand. Ich wusste damals nicht, dass Puma und Adidas die Unternehmen zweier Brüder waren, Adi und Rudolf Dassler, die im fränkischen Herzogenaurach Fußballschuhe und später Sportbekleidung produzierten. Adidas beherrschte in dieser Zeit den Markt, insbesondere im Fußball. Das damals noch junge Unternehmen Nike interessierte sich noch nicht für die Sportart, die in den USA wenig populär war.

Für mich hingegen war die Weltmeisterschaft längst entschieden, Adidas hieß das Siegerteam und Puma war der, mit dem im Pausenhof keiner spielen wollte. Als Neunjähriger möchte man alles nur kein Außenseiter sein und in diesen beiden Marken spiegelte sich der ganze Weltschmerz meines Daseins. Nächtelang lag ich wach und grübelte, wie das österreichische Team doch noch zu Adidas-Trikots kommen könnte.

Erwachsene vergessen oft, dass Kinder einen Überlebensauftrag haben. In der Schule erleben wir zum ersten Mal, wie es ist, weg von zu Hause zu sein und für sich selbst sorgen zu müssen. Da wir allein nicht lebensfähig wären, sind unsere Instinkte darauf programmiert, uns der stärksten Gruppe anzuschließen. Dazu eignen wir uns die Symbole dieses Stammes an, um unsere Zugehörigkeit zu demonstrieren. So erkennen uns die anderen als Mitglied desselben Stammes und stehen uns bei, wenn eine Überschwemmung droht, eine Hungersnot oder der Säbelzahntiger. Auch sind wir in der Schule zum ersten Mal in der Situation, unsere Rolle und unseren Wert in einer Gemeinschaft zu etablieren, die außerhalb unserer Familie ist. Kinder stehen dabei unter erheblichem Druck und angesagte Marken präsentieren sich als willkommene Statusbeschleuniger.

Ich traf Marc auf einer Party. Es war eine Weile her, seit wir uns das letzte Mal gesehen hatten. Marc trug einen gut geschnittenen grau-braunen Baumwollanzug. Die oberen zwei Knöpfe des Hemdkragens standen, den sommerlichen Temperaturen angepasst, offen. Mein geschultes Auge erkannte von Weitem die Tom-Ford-Brille, die in der Jacketttasche steckte, die Panerai Luminor am Handgelenk und die italienischen Sneakers von Golden Goose, die dem Outfit einen lässigen Effekt verliehen. Als Gesprächseinstieg erschienen Sonnenbrille und Uhr nicht interessant genug, daher entschied ich mich, die Sneakers mit einem anerkennenden Kommentar zu würdigen. Golden Goose sind an einem Stern zu erkennen, sie werden vom Hersteller oft mit einer Patina versehen, sodass sie bereits im fabriksneuen Zustand gebraucht aussehen. Der Preis für Golden Goose liegt zwischen 400 und 600 Euro und damit weit über dem üblichen Anschaffungspreis für Turnschuhe.

„Mir gefallen deine Golden Goose", eröffnete ich das Gespräch. Zu meiner Überraschung erzählte mir Marc ohne Ausflüchte, warum er diese Schuhe gekauft hatte. Vor einem Jahr noch hätten sie ihm gar nicht gefallen, als die Marke in seinem Freundeskreis in Mode kam. Außerdem habe er es unpassend gefunden, so viel Geld für Turnschuhe auszugeben. Aber nach einiger Zeit habe er Geschmack an ihnen gefunden und mittlerweile besitze er selbst drei Paar davon. Vielleicht denken Sie jetzt, geneigte Leserin und geschätzter Leser, dass Marc ein bedauernswerter Mensch ist. Warum sollte sich ein Mittvierziger einem solchen Gruppenzwang unterwerfen, zumal die Schuhe nicht einmal seinem Geschmack entsprechen? Aus anthropologischer Sicht ist Marcs Entscheidung durchaus sinnvoll. Sein Instinkt sagt ihm, dass er nur als Mitglied eines Stammes eine Überlebenschance hat. Es hat sich bewährt, die Symbole des Stammes deutlich zu zeigen, um seine Zugehörigkeit zu demonstrieren. Individuelle Geschmackspräferenzen spielen dabei keine Rolle. Der Gleichklang mit der eigenen Gruppe aktiviert Marcs Belohnungszentrum, sein Körper schüttet Dopamin aus und teilt ihm dadurch mit, dass er mit den Golden Goose die richtige Entscheidung getroffen hat.

Im Jahr 1951 führte der Sozialpsychologe Solomon Asch einen berühmt gewordenen Versuch durch. Asch wollte herausfinden, wie stark unser Bedürfnis nach Konformität tatsächlich ist. In der Untersuchung wollte er feststellen, ob die Teilnehmer bei einer einfachen Frage die richtige Antwort geben würden, wenn sie von anderen Mitspielern umgeben waren, die absichtlich falsche Antworten gaben. Bei diesem Versuch schlossen sich ganze 37 von 50 Probanden der Mehrheitsmeinung an und gaben eine Antwort, von der sie selbst wissen mussten, dass sie falsch war. Asch kam zu dem Schluss, dass das Bedürfnis nach Konformität beim Menschen derart stark ausgeprägt ist, dass selbst die intelligentesten Menschen bereit sind, weiß als schwarz zu bezeichnen, um im Gleichklang mit der Gruppe zu bleiben.

Wir verlassen uns bei der Beurteilung von Richtig und Falsch eher auf die Aussagen anderer als auf unsere eigene Einschätzung. Dieses Phänomen wird als „Social Proof“ bezeichnet. Wir suchen nach Bestätigung, indem wir Verhaltensweisen, Vorlieben und Meinungen unserer Mitmenschen übernehmen. Studien der Biologen Thomas Morgan und Kevin Laland zeigten, dass konformistisches Verhalten bei uns Menschen biologisch tief verwurzelt ist. Es basiert auf unserer evolutionären Abhängigkeit von kulturell übermittelten Informationen.

Marken geben uns die Möglichkeit, die Zugehörigkeit zu einer Gruppe zu demonstrieren. Dabei ist es unerheblich, ob wir die Mitglieder der Gruppe persönlich kennen – wie in Marcs Beispiel – oder ob es sich um virtuelle Stämme Gleichgesinnter handelt.

Der deutsche Autor Max Goldt besuchte Berlin einige Jahre nach dem Mauerfall und berichtete in einer Kolumne der Zeitschrift *Titanic* von seinen Eindrücken. Ein Spaziergang führte ihn in den Stadtteil Prenzlauer Berg, dessen einheitliches Stadtbild von Bürgerhäusern aus der Gründerzeit geprägt war. In den ausgedehnten Alleen sah man fast ausschließlich Altbauten, die in der DDR-Zeit von der Stadtregierung vernachlässigt worden waren. Viele Bewohner hatten zu jener Zeit die desolaten Häuser verlassen und waren in moderne Plattenbausiedlungen gezogen.

Alle sahen gleich aus, irgendwie individuell

Nach dem Mauerfall waren es vorwiegend junge Leute, die in den verwaisten Stadtteil zurückkehrten. So wurde der Prenzlauer Berg nach der Wiedervereinigung zum Szeneviertel mit zahlreichen Cafés, Bars und Clubs. Der Autor beschreibt in seinem Bericht, dass sich die Bewohner in einer für dieses Viertel offenbar typischen Art kleideten. Auffallend war die Kombination aus Retro-Klamotten und Trainingsanzügen.

Ein unverzichtbares Accessoire war eine große Umhängetasche, wie sie früher Briefträger hatten. „Alle sehen gleich aus, irgendwie individuell", beschreibt Goldt seine Eindrücke.

Der Kabarettist Rainald Grebe prägte für dieses gesellschaftliche Milieu den Begriff „Bionade-Bürgertum". Die Vertreter dieser Gruppe zeichneten sich dadurch aus, dass sie für sich selbst ein hohes Maß an Individualität in Anspruch nahmen, während sie – von außen betrachtet – einen auffallend hohen Grad an Einheitlichkeit zeigten.

Wie kommt es zu dieser überraschenden Fehleinschätzung? Ist unser großer Wunsch nach Individualität nicht mehr als eine Attitüde? Immerhin haben wir gesehen, dass das Bedürfnis nach Zugehörigkeit tief in uns angelegt ist. Zoologisch sind wir Rudeltiere, die allein nicht überlebensfähig wären. Die Möglichkeit der Arbeitsteilung war entscheidend für das Überleben unserer frühen Vorfahren. Dies ermöglichte ihnen nicht nur eine effizientere Nahrungssuche, sondern auch den Schutz vor Gefahren.

Im Gegensatz zu den meisten Säugetieren ist der menschliche Nachwuchs nicht sofort eigenständig, Aufzucht und Erziehung benötigen mehrere Jahre. Diese Phase der Abhängigkeit erfordert eine stabile soziale Struktur, in der neben den Eltern auch andere Mitglieder zur Pflege und Bildung des Nachwuchses beitragen. So hat uns die Natur mit einem starken Verlangen nach sozialer Interaktion ausgestattet. Gemeinschaften bieten uns Menschen aber nicht nur physische Sicherheit, sie erfüllen auch emotionale Bedürfnisse. Heute wissen wir, dass soziale Verbundenheit das Wohlbefinden fördert, den Austausch von Wissen nährt und die gemeinsame Lösung von Problemen ermöglicht. Die Bildung von Gemeinschaften ist für uns Menschen nicht nur eine praktische Notwendigkeit, sondern eine tief verankerte soziale Eigenschaft.

Die Betonung des Individuums und die Abwertung des Kollektivs nahmen ihren Beginn im Europa der Renaissance und erfuhren in der zweiten Hälfte des 20. Jahrhunderts noch einmal einen Schub. In der westlichen Welt setzte sich der Konsens durch, dass die Kollektivierung des modernen Menschen, wie sie im Nationalsozialismus und im Kommunismus durchgesetzt worden war, zwar unseren archaischen Instinkten entgegenkommt, dabei aber unweigerlich zu Horrorszenarien führen muss. Die Folge war die Festigung eines Menschenbilds, das uns als autarke, selbstbestimmte Wesen sieht.

„Ein Mensch sollte nicht an einen -ismus glauben. Er sollte an sich selbst glauben", sagt Matthew Broderick in dem Film „Ferris macht blau" aus dem Jahr 1986. Gemeinschaften und soziale Strukturen wie der Familienverband verloren seitdem zunehmend an Bedeutung. Im Jahr 2022 zählte man in Deutschland doppelt so viele Einzelhaushalte als noch im Jahr 1950, während Haushalte mit drei Generationen praktisch verschwunden sind.

Diese Veränderung brachte allerdings ein neues Problem. Mag sich unsere Gesellschaft auch weiterentwickelt haben, die instinktiven Bedürfnisse, die uns die Evolution in unsere Schaltkreise eingeschrieben hat, änderten sich nicht. Die westliche Gesellschaftsordnung hat daher eine eingebaute Spannung, die zu einem Dilemma zwischen dem Wunsch nach Selbstverwirklichung und der Sehnsucht nach Zugehörigkeit führte. Dieser Balanceakt prägt heute die kulturelle Identität des westlichen Menschen.

Dieser Balanceakt, der uns vor immer größere Herausforderungen stellt, beflügelte den Aufstieg der Marken, die uns einen Ausweg aus dem Dilemma versprachen. In der Anhängerschaft der Marken bildeten sich neue Gemeinschaften. Diese sozialen Bündnisse rund um Marken könnte man als moderne Stammesgesellschaften bezeichnen. Indem wir uns mit einer Marke identifizieren, fühlen wir uns als Teil einer Gemeinschaft von Gleichgesinnten. Die anderen Mitglieder dieser Gemeinschaften kennen wir meist nicht, deshalb spricht man auch von „Virtual Tribes".

Diese Zugehörigkeit kann uns ein Gefühl von Sicherheit und Gemeinschaft vermitteln. Moderne Marken initiieren gemeinsame Erlebnisse durch die Abhaltung von Ritualen, durch die sie ihre Anhänger zusammenbringen und ihnen das Gefühl der Zugehörigkeit geben. Marken sind längst nicht mehr Anbieter von Produkten, sie bilden Zentren für soziale Bindungen, die unsere Bedürfnisse nach Gemeinschaft und Individualität geschickt miteinander verbinden.

Moderne Stämme

Vor einigen Jahren nahmen mich meine Freunde mit ins Stadion zu einem Fußballspiel, obwohl ich mich für Fußball nicht sonderlich interessiere. Ich hatte zwar früher einmal eine große Begeisterung für diesen Sport, aber das war während eines Sommers, als ich neun Jahre alt war. Danach flaute meine Leidenschaft ab, im Gegensatz zu meinen Freunden, die sich heute noch regelmäßig treffen, um ein Spiel vor dem Fernseher oder im Stadion zu verfolgen.

Wenn wir uns treffen, geht es in der Unterhaltung daher oft um Sport. Ich höre dann genau zu, um beim nächsten Mal mitreden zu können. Der Spitzensport ist allerdings eine kurzlebige Welt und mein Wissen veraltet schnell. Neulich wollte ich von meinem Freund Herbert aus Bielefeld wissen, wie Rübe Kauf diese Saison gespielt hätte. Es sollte nur der Auftakt zum Smalltalk sein, den Namen Rübe Kauf hatte ich mir gemerkt. Zweimal in Folge war dieser zum „Arminen der Saison“ gewählt worden, was ich aufgrund der Ähnlichkeit mit meinem Vornamen sehr schön fand. Herbert hatte früher ein paar Geschichten rund um den legendären Mittelfeldspieler erzählt, aber an diesem Tag sah er mich mitleidig an. Rübe sei längst pensioniert und zurückgegangen ins Schwabenland, wo er sich um den Fußballnachwuchs kümmerte.

Wir standen an der Schlange für den Security-Check. Meine Freunde hatten eine Karte übrig und außer mir hatte niemand Zeit. Ich sagte zu, denn ich habe eine Schwäche für ungewöhnliche Erlebnisse. Ich bestaunte die statische Konstruktion des Stadions und muss dabei längere Zeit mit offenem Mund dagestanden sein. Alle anderen Besucher verhielten sich hingegen so routiniert, als wäre das Stadion ihr täglicher Arbeitsplatz. Auf der Tribüne schien es, als ob meine Freunde die Menschen herum alle kannten. Ich erfuhr, dass auf diesen Rängen die Besucher mit Saisonkarten saßen.

Aber statt das Spiel mit hoher Konzentration zu verfolgen, glich das Treiben auf den Rängen eher einem geselligen Treffen. Man holte Bier in Plastikbechern und plauderte entspannt über Themen abseits des Sports. In der Fankurve kam jetzt Stimmung auf. Ein Getrommel erhob sich, erst verhalten, dann immer lauter, zu dem sich ein lauter Schlachtgesang gesellte. Jetzt sah ich Flammen und Rauch, eine Reihe Bengalischer Feuer tauchte die Tribünen in blutrotes Licht. Das Stadion dröhnte wie ein Kolosseum, kurz bevor die Löwen hereingelassen wurden. Plötzlich verebbte das Geheul und die Trommeln wechselten in einen stampfenden Rhythmus, der den Angriff der Heimmannschaft anheizte.

Ich bekam eine Vorstellung, wie Rituale bei den Schlachten im Altertum ausgesehen haben mochten. Zu Hause wollte ich mehr über die Gefechte der Antike wissen und las über die Schlacht von Adrianopel im Jahr 378, als die Westgoten gegen die Römer kämpften. Der Geschichtsschreiber Ammianus beschrieb, dass ein wildes und dumpfes Geheul erhoben wurde. Wir hören von der Schlachtordnung, vom Vorrücken des linken Flügels, vom Ausscheren der rechten Flanke, vom Zurückdrängen der Verteidiger. Kaiser Valens wird am Feld verwundet. All das hörte sich für mich wie die Beschreibung eines Spiels im Stadion an. Ist Fußball vielleicht nichts anderes als die entbrutalisierte Version einer Schlacht? Während der offizielle Teil der Veranstaltung mit dem Schlusspfiff endet, findet die Rivalität der beiden Vereine oft eine parallele Entsprechung auf der Straße, wenn angeheizte Fans und Hooligans die Konfrontation ohne Regeln weitertragen.

Der Soziologe Roland Girtler beschäftigte sich mit der Gruppendynamik von Fußballfans: „In der Gruppe ist der Einzelne stark. Dort hat er die Chance, an Ansehen zu gewinnen." Das kulturell-historische Bild vom Krieger, der erst durch die Bewährung in der Schlacht zu Ruhm und Ehre gelangt, scheint so lebendig wie vor Tausenden von Jahren.

Im Fußball finden Menschen ein modernes Mittel zur Erfüllung archaischer Instinkte. Mit Marken verhält es sich ganz ähnlich. Marken und Fußball sind zwei Antworten auf ein und dasselbe Bedürfnis, dem nach Zugehörigkeit zu einem Stamm.

Im Reich der Motorräder gibt es einen Namen, der wie kein anderer für eine regelrechte Lebensphilosophie steht: Harley-Davidson. Mehr als nur ein Hersteller von Motorrädern, verkörpert Harley-Davidson ein Lebensgefühl von Freiheit und Autonomie. Wer sich für eine Harley entscheidet, wird dadurch automatisch Teil einer eingeschworenen Gemeinschaft. Die ikonischen Motorräder stehen als Symbole für Freiheit und Selbstbestimmung, gleichzeitig verbinden sie die Fahrer in einer Art modernem Pioniergeist. Die Straßen werden zu endlosen Weiten, die Maschinen zu treuen Pferden und die Fahrer zu modernen Entdeckern, die gemeinsam auf Abenteuerreise gehen. Was Harley-Davidson so einzigartig macht, ist nicht das Produkt selbst, sondern die starke soziale Gemeinschaft, die sich rund um die Marke gebildet hat. „Wir verkaufen einen Traum, das Bike bekommst du gratis dazu", lautete ein Slogan des Herstellers aus Milwaukee.

Das 1903 gegründete Unternehmen geriet im Laufe der Jahrzehnte mehrfach in Krisen, bis das Management unter dem Druck der Konkurrenz aus Japan ein neues Marketing-Konzept entwickelte. Dieses stellte nicht das Produkt, sondern das Erlebnis in den Mittelpunkt. Man wollte auf den Mythos des amerikanischen Traums von Freiheit und Abenteuer setzen, aber auch auf die Verbundenheit mit einer „Familie". Dazu schuf man eine spezielle Bekleidung mit dem Schriftzug der Marke. Damit die Individualität innerhalb der Gemeinschaft nicht zu kurz kam, setzte man auf „Customizing", das jedem Besitzer ein einzigartiges und unverwechselbares Bike garantierte.

Der Harley-Fahrer ist die moderne Version des „Lonely Cowboys"

So gelang es Harley-Davidson, einerseits ein soziales Bündnis Gleichgesinnter zu schaffen, andererseits wurde die eigene Harley zum Ausdruck der persönlichen Identität. Menschen, die so ein Motorrad fahren, leben den Geist der Marke. Durch die weithin erkennbare Kleidung bekennen sie sich zu einer Gemeinschaft. Harley-Treffen sind mehr als nur Zusammenkünfte, sie sind ritualisierte Erlebnisse einer modernen Stammeskultur. In dieser Gemeinschaft ist es selbstverständlich, dass ein Harley-Fahrer einem anderen jederzeit zu helfen bereit ist. Harley-Davidson ist es gelungen, eine moderne Gemeinschaft mit archaischen Merkmalen zu schaffen und so den Wunsch nach Individualität und Gemeinschaft gleichzeitig zu erfüllen. Ein Harley-Fahrer ist einerseits die moderne Version des „Lonely Cowboys", andererseits ein Mitglied einer großen Familie, die das Gefühl von Freiheit und Gemeinschaft auf einzigartige Weise miteinander verbindet.

Mein Freund Björn ist ein ausgesprochener Technologie-Freak. Anfang der Neunzigerjahre besaß er einen exotischen Personal Computer namens „Archimedes", der vom britischen Unternehmen Acorn hergestellt wurde. Ich hatte zuvor noch nie von dieser Marke gehört. Die Technologie wurde als sehr fortschrittlich beschrieben, aber die Geräte waren mit keinem anderen Standard kompatibel. Mehr als die technischen Details interessierten mich damals die Menschen, die diese Computer besaßen. Obwohl der Archimedes nicht die öffentliche Aufmerksamkeit wie andere Computer seiner Ära erhielt, bildete sich rasch eine engagierte Community von Enthusiasten. Diese virtuelle Gemeinschaft war allerdings so klein, dass die Nutzer, die über den Globus verstreut waren, bald in regem Kontakt zueinander standen. Björn kannte selbst ein Dutzend Anwender dieses exotischen Geräts persönlich. Ging es anfangs noch um den Austausch von Software und Erfahrungen, so wurde mit der Zeit aus einem Netzwerk von Gleichgesinnten eine eingeschworene Community.

Er gab ihm seinen Wohnungsschlüssel, nur weil er die gleiche Marke besaß

Ich erinnere mich daran, dass Björn einen dieser Archimedes-Besitzer in Portugal besuchte. Dieser überließ ihm ohne

Weiteres den Schlüssel zu seinem Apartment und ließ ihn für die Dauer seines Aufenthalts bei sich nächtigen. Der Archimedes war so selten, dass ihre Besitzer einander ein hohes Maß an Vertrauen entgegenbrachten, selbst wenn sie einander nie begegnet waren. Sie gingen davon aus, dass sich die Mitglieder dieser Community denselben Werten verpflichtet fühlten und einen ähnlichen Lebensstil pflegten wie sie selbst. Andererseits versprach dieses ausgefallene Produkt ein hohes Maß an Individualität und Eigenständigkeit, denn im eigentlichen Umfeld der Besitzer waren sie jeweils die Einzigen ihrer Art.

Wir haben gesehen, wie Marken uns vom Gefühl der Isolation befreien können, indem sie soziale Bündnisse und Gemeinschaftserlebnisse schaffen. Gleichzeitig ermöglichen uns Marken eine Form des individuellen Ausdrucks, indem wir durch sie unsere unverwechselbare Persönlichkeit zum Ausdruck bringen. Marken haben sich als geschickte Brückenbauer im Spannungsfeld zwischen Individualität und Kollektiv erwiesen. Ihr gemeinsames Versprechen könnte man so deuten, dass sie uns vom Widerspruch zwischen unserem kulturellen Wunsch nach Eigenständigkeit und unserem archaischen Bedürfnis nach Zugehörigkeit erlöst haben.

Die amerikanische Franchise-Kette Starbucks hat sich nicht nur als Coffeshop etabliert, sondern auch als Innovator für ein Gemeinschaftserlebnis, das für die US-amerikanische Kultur neu war. Das Unternehmen nutzte geschickt das Konzept des „Dritten Ortes“, um Kunden dazu zu bewegen, mehr Zeit in den Filialen zu verbringen und damit mehr Geld auszugeben. Der Soziologe Ray Oldenburg prägte im Jahr 1989 den Begriff „Dritter Ort“ in seinem Buch „The Great Good Place“. Oldenburg sah, dass sich die Menschen vorwiegend an drei Orten aufhielten: im familiären Umfeld, am Arbeitsplatz und am sogenannten „Dritten Ort", der Räume der Begegnung mit halb öffentlichem Charakter umfasst; dazu zählen Einkaufszentren, Kulturstätten, Bars und Restaurants. Diese dritten Orte dienen als neutrale Plätze, an denen Menschen eine Auszeit von persönlichen und beruflichen Angelegenheiten nehmen können.

Starbucks schloss eine Lücke, die in der amerikanischen Gesellschaft entstanden war. Durch die fortschreitende Individualisierung hatten viele Orte der Zusammenkunft wie Familien, Kirchen und Freiwilligen-Organisationen an Bedeutung verloren. Starbucks orientierte sich am traditionellen Wiener Kaffeehaus, wo man sich stundenlang aufhalten kann, während man in nordamerikanischen Gaststätten nicht länger als die Dauer der Konsumation verweilen durfte. Mit dem Wiener Kaffeehaus war bereits um die Jahrhundertwende ein berühmter „Dritter Ort" entstanden, der auch als das „Wohnzimmer der Stadt" bezeichnet wurde. Es bildete zu jener Zeit ein kulturelles Zentrum, an dem Menschen aller Schichten zusammenkamen, um zu entspannen, Ideen auszutauschen und Diskussionen zu führen. Die charakteristische Einrichtung zeichnete sich durch bequeme Sitzgelegenheiten aus. Hier konnte man stundenlang verweilen, Zeitung lesen, schreiben oder einfach die Atmosphäre genießen. Die Kaffeehauskultur war eng mit der literarischen und künstlerischen Szene Wiens verbunden. Der österreichische Schriftsteller Peter Altenberg soll angeblich das Café Central als seine Wohnadresse angegeben haben. Dem Schriftsteller Alfred Polgar wird der Satz zugeschrieben: „Im Kaffeehaus sitzen Leute, die allein sein wollen, aber dazu Gesellschaft brauchen."

In dieser Tradition schuf Starbucks das Kaffeehaus der Gegenwart. Gemütliche Sitzbereiche, kostenloser WLAN-Zugang und eine breite Auswahl an warmen Getränken tragen dazu bei, dass sich Kunden willkommen fühlen und sich für längere Zeit dort aufhalten. Von der Inneneinrichtung über die sanfte Beleuchtung bis zur Hintergrundmusik, die Gestaltung der Filialen schuf eine Umgebung, in der sich Menschen wohl fühlen und auf eine gewisse Weise miteinander verbunden sind. Man konnte feststellen, dass der Konsum steigt, wenn Kunden das Gefühl haben, Teil einer Gemeinschaft zu sein.

Starbucks hat damit nicht nur eine Marke geschaffen, sondern auch einen kulturellen Bezugspunkt. Die verführerische Macht des „Dritten Ortes" wird deutlich, wenn Kunden nicht mehr für einen Latte bezahlen, sondern für ein inszeniertes Erlebnis. Jede Marke hat ein zentrales Versprechen. Das Versprechen der Marke Starbucks ist die Befriedigung des uralten Bedürfnisses nach Gemeinschaft für Menschen in der anonymen Großstadt.

Marken sagen, wer wir sind

Es war ein kurzer Schultag. Die letzte Stunde war ausgefallen und ich beschloss, den Nachmittag mit Freunden aus der Nachbarschaft zu verbringen. Ich streckte mich, soweit ich konnte, in die Höhe, um den Klingelknopf zu betätigten. Ein Gong kündigte meinen Besuch mit einer freundlichen Melodie an. Der Öffner brummte und ich drückte mich mit dem ganzen Gewicht gegen die schwere Tür. Übermütig nahm ich zwei Stufen auf einmal, bis ich im zweiten Stock ankam. Die Eltern meiner Freunde kehrten gerade von einer beruflichen Reise aus Asien zurück. Flugreisen waren in meiner Kindheit noch nicht an der Tagesordnung, daher maß ich dem Ereignis entsprechend große Bedeutung bei.

Meine Aufmerksamkeit richtete sich jetzt auf zwei außergewöhnliche Gepäckstücke, die meine Faszination weckten.

Es waren keine Koffer aus Kunstleder mit Riemen, wie ich sie kannte, sie bestanden aus genietetem Aluminiumblech, dessen markante Rillen an die Bauweise früherer Flugzeuge erinnerten. Die eine oder andere Beule im Blech zeugte von einem weiter gereisten Leben seiner Besitzer. Ich hatte damals noch keine klare Vorstellung, wo Asien liegt, und genauso wenig wusste ich, wie es dort aussah. Aber eines Tages würde ich selbst dorthin reisen und so ein Koffer würde mich begleiten.

Zwanzig Jahre später war es so weit. Ich war stolzer Besitzer eines solchen Koffers mit dem Schild „Rimowa". Dieser gewalzte, geprägte und genietete Reisegefährte sollte mich an die entlegensten Orte der Welt begleiten. Die Zeit war reif, das Interrail-Ticket hinter mir zu lassen und zum weltläufigen Reisenden zu avancieren. Mein neuer Koffer passte noch nicht ganz zu mir, ich war kein weiter gereister Geschäftsmann und mein Koffer hatte weder Beulen noch Aufkleber. Aber vielleicht half er mir dabei, dieser Mensch zu werden.

Zuweilen benutzen wir Marken, um unsere Identität zu finden oder sogar zu erfinden. Die Psychologie kennt den Begriff des „Selbstkonzepts". Es umfasst neben dem Selbstbild auch unser Idealbild, eine Idee davon, wer wir gern sein möchten. Wir alle haben ein Idealbild von uns selbst, das sich in der Regel von unserem aktuellen Seinszustand unterscheidet. Wir versuchen diese Lücke zu schließen, indem wir an einem Sprachkurs teilnehmen, uns ins Fitnesscenter einschreiben oder für eine Anschaffung sparen. Auch ein neuer Haarschnitt basiert auf dem Wunsch, dem eigenen Idealbild einen Schritt näherzukommen. In jungen Jahren erscheinen uns Ausbildungen, Karriere und Erfolg die Mittel zu sein, um diese Lücke zu schließen.

Im Laufe des Lebens ändert sich nicht nur unser Idealbild, sondern ändern sich auch die Mittel, die wir als hilfreich erachten, um diesem Ziel näherzukommen. Haben wir einmal ein solches Idealbild entworfen, dann sind wir naturgemäß unzufrieden mit dem Ist-Zustand. Diese Differenz bezeichnen Psychologen als „Identity Gap“. Da wir diese Lücke gern so schnell wie möglich schließen möchten, halten wir nach Abkürzungen Ausschau. Marken und Produkte erscheinen uns oft als diese willkommene Abkürzung: „Wenn ich erst einmal dieses Auto, diese Uhr oder jene Tasche besitze, werde endlich der sein, der ich immer sein wollte.“ In meinem Fall war es der Wunsch, zum Club der weiter gereisten Weltbürger zu gehören. Der Rimowa-Koffer schien mir die passende Eintrittskarte zu diesem Club.

Melanie verspätete sich. Ich saß an einem kleinen Tisch am Wiener Naschmarkt. Vor mir stand eine Flasche Corona mit einem Schnitz Limette und ich hielt das Gesicht in die wärmende Herbstsonne. In den Bars und Kneipen am Naschmarkt tummelten sich die Menschen, die so wie ich beschlossen hatten, die Arbeit früher zu beenden und den warmen Herbsttag zu genießen. Immer wieder schoben sich neue Gruppen durch die engen Gassen des Marktes. Hier wurde ein liebevoll restauriertes Rennrad geschoben, dort baute ein DJ in schwarzen Hosen mit drei weißen Streifen seine Technics Turntables auf.

Endlich schob sich ein braun gelockter Kopf aus der Menge und baute sich vor mir auf: „Hallo, Armin?“ Ich hatte Melanie online kennengelernt und wusste wenig über sie. Sie bestellte eine Weißweinschorle, oder einen Weißen Spritzer, wie man in Wien sagt. Das Gespräch entwickelte sich schleppend und ich versuchte das Eis zu brechen: „Was hast du heute schon erlebt?“ Melanie hatte nichts Nennenswertes erlebt.

Um dem Gespräch doch noch Schwung zu verleihen, schlug ich vor, frei heraus zu sagen, wie wir den anderen einschätzten. Ich tippte auf „Kommunikation oder Public Relations“. Das schien mir unverfänglich und akzeptabel im Falle eines Irrtums. Dann fantasierte ich frei: Innenbezirk, aber Autofahrerin, 3er BMW oder Mini. Melanie starrte mich mit entsetzter Miene an. Lag ich so daneben?, durchfuhr es mich. Doch es stellte sich heraus, dass ich ins Schwarze getroffen hatte: „Früher hatte ich einen 3er BMW, jetzt fahre ich Mini“, sagte Melanie trocken. Meine Gesprächspartnerin verlor das Interesse an dem Spiel und das Gespräch verebbte ganz. Kurz darauf legte sie ein paar Münzen auf den Tisch, murmelte noch etwas von einem Termin, den sie vergessen hätte, stand auf und wurde einen Augenblick später vom Menschenstrom verschluckt.

Diese Begegnung ist viele Jahre her, doch ich dachte noch lange darüber nach. Ich war überzeugt gewesen, dass sich Menschen dann angegriffen fühlten, wenn man ihnen unzutreffende Vorlieben zuschrieb. Wenn wir Marken dazu nutzen, um unsere Identität auszudrücken, wieso ist es uns dann unangenehm? Als Besitzerin eines Mini bekannte sich Melanie zum Stamm der jung gebliebenen Individualisten mit Freude am Retro-Kult. Woher also rührte ihr Unbehagen? Ich dachte weiter nach. Wir drücken durch Marken aus, wer wir sind, oder wer wir gern sein möchten. Mir wurde klar, dass das Unbehagen dadurch entstand, dass sich Melanie in ihrer Selbstinszenierung durchschaut fühlte. Wir nutzen Marken als Ausdruck und Bekenntnis, sind uns dessen aber oft nicht bewusst. Manchmal verdeckt die Marke sogar einen wunden Punkt der Scham oder Angst, den andere nicht sehen sollen. Ich nahm einen Bleistift und schrieb einen Satz in mein Notizheft: Wir wollen gern verstanden werden, aber nicht durchschaut.

„Das ist meine Schlangenlederjacke. Sie ist Ausdruck meiner Individualität und meines Glaubens an die persönliche

Freiheit!“, sagt Nicolas Cage im Film „Wild at Heart“ aus dem Jahr 1990. Mit der Zurschaustellung eines einzelnen Produkts oder einer bestimmten Marke versuchen wir mitunter, unsere Persönlichkeit zu betonen und unsere Individualität zu unterstreichen. Studien zeigen, dass wir uns durch die Wahl der Kleidung einzigartig fühlen möchten. Wenn es um Mode geht, legen viele Menschen großen Wert auf Marken, um einen bestimmten Lebensstil zu kennzeichnen. „Die ursprüngliche Bedeutung der Marke war Qualität. Heute ist die Marke eine stilistische Tapferkeitsmedaille“, sagte der Designer Tibor Kalman.

Psychologen betrachten Marken als Verlängerung unseres Selbstkonzepts. Indem wir bestimmte Marken wählen, drücken wir unsere Identität aus. In manchen Fällen nutzen wir eine Marke sogar als Abkürzung auf unserem Weg zur Selbstverwirklichung. Marken dienen uns als äußere Repräsentanten unserer inneren Werte. Umgekehrt lesen wir die Marken unseres Gegenübers als Zeichen, die uns Hinweise auf dessen Persönlichkeit, Lebensstil und Weltanschauung geben.

Heute ist die Marke eine stilistische Tapferkeitsmedaille

Der Psychologe John Holland erklärte dieses Phänomen mit seiner Kongruenzhypothese. Laut Holland neigen Menschen dazu, sich mit Gleichgesinnten zu umgeben und so ein Umfeld zu schaffen, das ihre Persönlichkeit widerspiegelt. Die Kongruenzhypothese wird auch im Bereich der Marken angewendet. Demnach streben Menschen danach, ihre tatsächliche oder gewünschte Persönlichkeit durch Marken auszudrücken. Dies führt dazu, dass Konsumenten Marken bevorzugen, deren Persönlichkeit mit ihrem eigenen Selbstkonzept übereinstimmt. Die Präferenz für eine Marke kann dabei durch das tatsächliche oder das ideale Selbstkonzept beeinflusst werden. Im ersten Fall wählt ein Mensch eine Marke, die sein tatsächliches Selbst widerspiegelt. Zum Beispiel bevorzugt ein Sportler eine bestimmte Sportmarke. Im zweiten Fall wählt ein Mensch jene Marke, die seinem idealen Selbstbild entspricht, um die Diskrepanz – den „Identity Gap" – zu überbrücken. Zum Beispiel kauft sich ein unsportlicher Mensch Nike Turnschuhe, um sportlich zu wirken.

Die Psychologin Anna Nauen und der Marketingspezialist Sebastian Link wollten im Jahr 2012 die Kongruenzhypothese überprüfen. Sie führten dazu eine Studie mit 640 Teilnehmern durch und kamen zu dem Ergebnis, dass Menschen tatsächlich nach Marken streben, die Parallelen zu ihren eigenen Persönlichkeitsmerkmalen aufweisen. Ihr Fazit: Parallelen zwischen der Persönlichkeit des Verbrauchers und der Marke führen dazu, dass die Marke als sympathisch wahrgenommen wird.

Feinde und Rivalen

„Ich würde mir nie einen BMW kaufen, das ist ein Auto für Angeber!", rief Werner. Natürlich hätte Werner stattdessen sagen können, dass er kein Angeber war oder nicht als Angeber wahrgenommen werden möchte. Stattdessen nutzte Werner die Marke BMW, um uns seine persönlichen Werte und Normen mitzuteilen. Wir wissen aufgrund seiner Aussage, dass Werner prahlerisches Verhalten für unerwünscht hält. Wie viele Menschen nutzt Werner verschiedene Marken und deren Eigenschaften – sowohl in der Zustimmung als auch in der Ablehnung –, um Wertvorstellungen und weltanschauliche Positionen auszudrücken. Marken sind Vermessungspunkte, an denen wir Werte und Verhaltensnormen festmachen. Sie haben sich als Stützsystem unserer Gesellschaft etabliert und damit Stämme, Glaubensgemeinschaften und sogar die Familie zu einem Gutteil abgelöst.

„Ich kaufe keine Produkte von Apple, ich lasse mich nicht in ein geschlossenes System zwängen", sagt Björn ablehnend. Natürlich könnte Björn diese Aussage auch ohne die bekannte Marke formulieren, zumal darin nicht nur eine Vorliebe für technische Produkte zum Ausdruck kommt, sondern auch sein starker Wunsch nach Autonomie und Selbstbestimmung in allen Lebensbereichen. Mithilfe einer Marke gelingt es Björn leichter, seine Überzeugung klarzumachen. Große Marken verkörpern Werte und Normen, an denen wir uns orientieren können, in der Zustimmung oder der Abgrenzung.

Mir persönlich gefällt es, wenn sich ein Unternehmen wie Apple so viel Mühe gibt, mir das digitale Leben möglichst einfach zu machen. Auf elegante Weise arbeiten alle Geräte zusammen und sehen dabei auch noch gut aus. Apple passt darüber hinaus gut zu meiner Persönlichkeit und zu meinen Werten. Dafür bin ich bereit, einen höheren Preis zu bezahlen und nehme die Einschränkungen eines geschlossenen Systems in Kauf. Was für mich gut und angenehm ist, betrachtet Björn als Bevormundung. Er ist bereit, für die Freiheit, die ihm ein offenes System bietet, einen anderen Preis zu bezahlen als ich: den wesentlich größeren Aufwand. Um den Open-Source-Kalender auf seinem Computer mit dem Smartphone zu verbinden, bedurfte es mehrer Tage Arbeit. Wovor ich zurückschrecke, ist für ihn eine spannende Herausforderung.

Björn ist BMW-Fahrer, ganz im Gegensatz zu Werner. Dabei gibt es nur noch geringe Unterschiede zwischen den Produkten der verschiedenen Autohersteller. Die Fahrzeuge von Mercedes, BMW, Audi und VW unterscheiden sich innerhalb der gleichen Kategorie nur noch geringfügig voneinander. Die Autoindustrie ist so weit konsolidiert, dass die Abweichungen zwischen den verschiedenen Herstellern gering sind. Hat man früher noch gehört, Volvo sei besonders sicher, französische Autos rosteten schnell, BMW habe eine gute Straßenlage und VW sei sparsam im Verbrauch, so gibt es diese Unterschiede heute kaum noch. Die Preisabweichungen ergeben sich fast ausschließlich aus dem Wert und dem Image der Marke.

Warum fühlen wir uns aber zu einer Marke hingezogen und von einer anderen abgestoßen, wenn die Unterschiede so gering sind? Noch dazu, wenn es sich wie bei Mercedes, BMW und Audi nicht nur um ähnliche Produkte, sondern auch um Marken mit ähnlichen Werten und Eigenschaften handelt? Wieso fällt unser Urteil in solchen Fällen mitunter so vehement aus? Dieses eigenartige Phänomen bezeichnete Freud als „Narzissmus der kleinen Differenzen". Er glaubte, dass es den gemeinschaftlichen Zusammenhalt unterstütze, wenn die Aggression nicht nach innen, sondern stattdessen auf benachbarte Gemeinschaften gerichtet werde, obwohl oder gerade weil diese der eigenen Gruppe sehr ähnlich seien.

Jede Gemeinschaft ist bemüht, sich von anderen Gruppierungen abzugrenzen. Durch Betonung und Überhöhung der Unterschiede entsteht erst das gemeinsame Bewusstsein, das eine Gemeinschaft zusammenhält. Vom Politikwissenschaftler Karl Deutsch stammt die Aussage: „Eine Nation ist eine Gruppe von Menschen, die durch einen gemeinsamen Irrtum hinsichtlich ihrer Abstammung und eine gemeinsame Abneigung gegen ihre Nachbarn geeint ist."

So überhöhen Österreicher gern die Merkmale, die sie von Deutschen unterscheiden, obwohl die Gemeinsamkeiten gegenüber den Unterschieden deutlich überwiegen. Der franko-belgische Detektiv Hercule Poirot aus den Romanen von

Agatha Christie ist verstimmt, wenn er irrtümlich für einen Franzosen gehalten wird. Für einen Außenstehenden mag die Rivalität zwischen den Fans der fiktiven Welten von Star Trek und Star Wars kauzig wirken, handelt es sich doch in beiden Fällen um Filmserien des Science-Fiction-Genres.

In den 1960er-Jahren verbreiteten die Medien die angebliche Rivalität zwischen den Beatles und den Rolling Stones. Dies führte dazu, dass viele junge Leute das Gefühl hatten, sich für eine der beiden Bands entscheiden zu müssen. Aufgrund dieser Präferenz glaubte das Umfeld dann, ein Profil der jeweiligen Person, ihren Charakter und ihren Lebensstil ableiten zu können. Dabei wurden beide Musikgruppen Anfang der 1960er-Jahre gegründet, beide kamen aus England, beide bestanden aus je vier Musikern, die alle nahezu gleich alt waren.

Freud war der Überzeugung, dass diese schrullige Angewohnheit der Menschen in Wahrheit ein wichtiges Instrument sei, um eine Gemeinschaft zu entwickeln. Die Identität einer Gruppe ist demnach nichts anderes als ein Konzept, für das neben der Überhöhung der Gemeinsamkeiten auch die Abgrenzung von den „anderen" notwendig sei. Da die Menschen in grauer Vorzeit meist nur mit dem Nachbarstamm in Kontakt kamen, mussten die kleinsten Differenzen ausreichen, um diese Abgrenzung festzumachen. Im Film „Das Leben des Brian" der britischen Komikergruppe Monty Python aus dem Jahr 1979 agitiert eine kleine Gruppe namens „Volksfront von Judäa" gegen die römischen Besatzer. Als wahre Gegner betrachten sie allerdings eine konkurrierende Gruppe, die ihrer eigenen zum Verwechseln ähnelt. „Es gibt Typen, die wir noch mehr hassen als die Römer: Diese verfluchten Judäische Volksfront Mistkerle!"

Auch bei Produkten richtet sich unsere Abneigung oft gegen solche, die unserer eigenen Lieblingsmarke auf den ersten Blick ähneln. Als ich Mitte der Neunzigerjahre über einen Bekannten spottete, der einen für die damalige Zeit auffallend großen Jeep fuhr, meinte ein Freund verblüfft: „Fährst du nicht genau das gleiche Auto?“ – „Natürlich nicht“, entgegnete ich entrüstet. „Ich fahre einen Cherokee, seiner ist ein Grand Cherokee.“ Letzterer war um wenige Zentimeter größer. Als Konsumenten stehen wir oft vor der Wahl zwischen zwei rivalisierenden Marken und wir nehmen gern an diesen Glaubenskriegen teil.

Schon im Klassenzimmer standen wir vor der Entscheidung: Pelikan oder Geha? Die zwei deutschen Füllermarken haben eine lange Geschichte der Rivalität. Geha brachte 1950 die erste Tintenpatrone auf den Markt und forderte den Marktführer Pelikan heraus. Die Fehde zwischen den beiden Unternehmen fand auch in den Medien statt, wo sie um die Gunst der Verbraucher warben. Der „Pelikano-Junge“ und der „Reservetank“ von Geha waren Schlüsselakteure in dieser Werbeschlacht. Dieser Wettstreit wurde im Klassenzimmer weitergeführt. Der jeweilige Füller, den ein Mitschüler in seinem Federmäppchen hatte, verriet alles über dessen Persönlichkeit, seinen sozialen, kulturellen und religiösen Hintergrund. Im Glaubenskampf um die Schreibgeräte wurden Kriege erklärt, Fechtduelle ausgetragen und Freundschaften beendet. Die Rivalität endete 1990, als Pelikan Geha übernahm. Wie so oft profitierte ein Dritter von diesem Wettstreit: das Heidelberger Unternehmen Lamy, das mit dem Modell Safari den heute weltweit meistverkauften Füller auf den Markt brachte.

Ein Artikel des *Wall Street Journal* mit dem Titel „Sind Ihre Jeans rot oder blau?“ beleuchtet eine neue Tendenz in der amerikanischen Konsumkultur, die politische Parteilichkeit zeigt. Die Marke Levi’s wird von städtischen Demokraten bevorzugt, während Wrangler von ländlichen Republikanern favorisiert wird. Wrangler ist in den Cowboy Counties des Mittleren Westens beliebt, während das in San Francisco ansässige Unternehmen Levi's eher bei Stadtbewohnern Anklang findet.

Die historische Bedeutung von Marken wie Levi's ist politisch geprägt und spiegelt die Americana-Ästhetik und die Arbeiterwelt wider. Diese politischen Konnotationen existieren schon seit den 1980er-Jahren und haben sich in einer Zeit verstärkt, in der Luxus, Mode und Politik enger miteinander verknüpft sind, insbesondere in Bezug auf gesellschaftspolitische Themen wie Nachhaltigkeit, Zugänglichkeit und Geschlechterneutralität. „Verbraucher stimmen nicht nur bei Wahlen ab, sie stimmen auch in den Geschäften ab, indem sie Marken wählen, die ihren Werten entsprechen", sagt der PR-Experte Richard Edelman. Fast 60 Prozent der US-Amerikaner gaben in einer von Edelman durchgeführten Umfrage im Jahr 2018 an, dass sie eine Marke aufgrund ihrer Haltung zu gesellschaftlichen Themen wählen, wechseln, meiden oder boykottieren würden. Das sei ein Anstieg von 47 Prozent gegenüber dem Vorjahr.

Canon und Nikon sind zwei der bekanntesten Marken in der Welt der Fotografie und haben jeweils ihre eigene Philosophie und Anhängerschaft. So gering die Unterschiede in Technik und Handhabung der jeweiligen Kameras sein mögen, so unterschiedlich ist das Image der beiden Marken. Nikon wird oft mit Robustheit und schneller Reaktionszeit assoziiert. Nikon-Käufer sehen sich selbst in der Tradition von Fotojournalisten, Sportfotografen und Kriegsberichterstattern. Das Image von Canon verspricht weniger Action. Mit Canon verbinden viele Menschen Studiofotografie mit künstlerischem Anspruch.

Eine Statistik der britischen Plattform YouGov zeigte, dass der typische Canon-Besitzer gern liest, sich für Architektur und Design interessiert und eine Vorliebe für Science-Fiction-Filme wie „2001: Odyssee im Weltraum" und „Blade Runner" hat. Sein klassisches Haustier ist ein Fisch. Als typische Nikon-Fotografin ermittelte YouGov eine Person, die einen technischen Beruf ausübt und der körperliche Aktivität und Sport wichtig sind. Im Urlaub bewegt sie sich gern abseits der ausgetretenen Pfade und ist Fan von Star Wars. Typisches Haustier der Nikon-Anhänger ist eine Katze. So weit die Einschätzung von YouGov.

Diese stereotypen Darstellungen vermitteln einen Eindruck, wie wir Marken dazu nutzen, uns selbst in der Welt einzuordnen. Das funktioniert am besten, wenn wir lediglich zwei Möglichkeiten zur Auswahl haben. Dieser Vorgang, den die Psychologie als polarisiertes Denken bezeichnet, ist eine kognitive Verzerrung, die uns grundsätzlich gute Dienste leistet, indem sie uns hilft, komplexe Zusammenhänge zu vereinfachen und Probleme rascher zu lösen. Aus diesem Grund meinen wir oft, vor der Entscheidung zwischen zwei Marken zu stehen, obwohl es tatsächlich mehrere Anbieter gibt: Coca-Cola und Pepsi, Apple und Samsung, Mercedes und BMW, McDonalds und Burger King, Nike und Reebok. Wir lieben Duelle, so wie das Derby der beiden Lokalmatadore und das Kopf-an-Kopf-Rennen zweier Spitzenkandidaten. Dabei geht es immer um eine Frage: „Zu welcher Seite gehörst du?" Denn das, so meinen wir, sagt alles über eine Person aus.

Rivalisierende Marken sind eine wunderbare Gelegenheit, um in der modernen Welt die Verbundenheit mit einem

Stamm zu erleben und auf spielerische Art mit einem Gegner zu konkurrieren. Auf diese Weise befriedigen wir mithilfe von Marken unser archaisches Bedürfnis nach Zugehörigkeit und Abgrenzung.

BEZIEHUNG

„Ich glaube, dies ist der Beginn einer wunderbaren Freundschaft."

– Humphrey Bogart in „Casablanca", 1942

Wieso wir in Autos Gesichter sehen, wie unser Gehirn die Marke für einen Freund hält und wie unsere Lieblingsmarke Trost spenden und sogar Schmerz lindern kann

Neulich sprach mich nach einem meiner Vorträge eine Künstlerin aus dem Publikum an. Sie berichtete mir, dass sie offenbar seit Langem eine Beziehung mit einer Marke führe, ohne sich dessen bewusst gewesen zu sein. Sie hielt mir ihre Handtasche aus schwarzem, gestepptem Leder hin, auf der groß die Initialen YSL prangten. Seit langer Zeit bereits sei sie diesem Label treu und letztes Jahr hatte sie sogar eine Reise nach Marrakesch unternommen, nur um das Yves-Saint-Laurent-Museum zu besuchen.

Meine Schwester Erika ist als systemische Psychotherapeutin tätig und arbeitet sowohl mit Kindern als auch mit Erwachsenen. Immer mehr Menschen nutzen die Begleitung durch Therapeuten, um Krisen oder Herausforderungen im Leben besser zu meistern. Viele Therapeuten raten ihren Klienten, ein Therapietagebuch zu führen. Aus dem Englischen hat sich dazu der Begriff „Journaling" eingebürgert. Meine Schwester nutzt diese Methode für sich selbst und so nimmt das Journaling einen fixen Platz in ihrer Tagesroutine ein. Ihre Gedanken notiert sie in Notizbücher der Hamburger Marke „Leuchtturm 1917". Sobald sie ein Notizbuch vollgeschrieben hat, besorgt sie sich ein neues in einer anderen Farbe, die Abwechslung schafft und ihre Stimmung widerspiegelt. Glücklicherweise bietet der Hersteller seine Bücher in mehr als 20 Farben an, somit ist für genügend Abwechslung gesorgt. Über die Jahre hat Erika eine persönliche Beziehung zu ihren Notizbüchern aufgebaut und würde niemals in Erwägung ziehen, ihre intimen Gedanken einem Notizbuch einer „fremden" Marke anzuvertrauen. Für sie ist die Marke zu einem vertrauten Begleiter geworden, der sich als zuverlässiger und treuer Freund in guten, aber auch schweren Zeiten ihres Lebens bewährt hat.

Der Marketing-Stratege Stephen King schrieb 1973: „Menschen wählen ihre Marken auf die gleiche Weise aus, wie sie ihre Freunde auswählen." Forscher sind der Meinung, dass Menschen Beziehungen zu Marken gleichermaßen erleben wie zu anderen Menschen. Eine Marke fungiert demnach als lebendiger Beziehungspartner. Das ist deshalb möglich, weil Marken als Persönlichkeiten wahrgenommen werden.

Marken mit Persönlichkeit

Im Fundus meiner Großmutter habe ich ein altes Kinderbuch mit dem Titel „Puckerl und Muckerl" entdeckt. Das Buch erzählt die Geschichte von zwei Geschwistern einer Zwergenfamilie, die sich zahlreichen Abenteuern stellen müssen. Die Erzählung entführt den Leser in eine Welt, in der Bäume Gesichter tragen und Heupferdchen die Fähigkeit zu sprechen besitzen. Ein Weltbild, demzufolge Objekte beseelt sind, wird als „Animismus" bezeichnet. Vor wenigen Jahrhunderten noch glaubte man fest daran, dass jedes Ding in der Natur – Sonne, Wolken, Bäume und auch der Wind – eine Seele und eine eigene Persönlichkeit besaß. Dieses Phänomen hat vor allem in Kinderbüchern bis zum heutigen Tag überlebt.

In unserer modernen digitalen Ära lebt dieser alte Animismus wieder auf, insbesondere wenn neue Funktionen unseren alltäglichen Gegenständen eine magische Kraft verleihen. Obwohl die Aufklärung uns Menschen zu einer rationaleren Weltsicht geführt hat, ist die fantasievolle Vorstellung von den lebendigen Dingen bis heute erhalten geblieben. In der Filmwelt werden Autos zu lebendigen Wesen, wie der sympathische Käfer „Herbie“ aus den Disney-Filmen der 1960er-Jahre, der schwarze Pontiac Firebird mit dem Namen „K.I.T.T.“ aus der Serie „Knight Rider“ oder die animierten Autos aus dem Animationsfilm „Cars“ aus dem Jahr 2006.

Es scheint, dass wir ganz instinktiv davon ausgehen, dass die Dinge, die uns umgeben, auf die eine oder andere Weise lebendig sind und menschliche Züge aufweisen. Wir glauben, in Autos Gesichtsausdrücke zu erkennen, denen wir Gefühle und Charakterzüge zuschreiben. Als Kind starrte ich im Haus meiner Großmutter stundenlang aus dem Fenster, vor dem eine riesige alte Eiche stand. In einer hellen Mondnacht konnte ich unzählige Gesichter entdecken, von denen mir die einen freundlich, die anderen wiederum grimmig und böse erschienen. Auch in Gebirgsketten und Felsformationen meinen wir Tiere und Menschen zu erkennen, die uns zu Sagen und Legenden inspirieren. In Tirol erzählt man sich die Geschichte von der kaltherzigen Riesenkönigin Frau Hitt, die der Sage nach zu Stein verwandelt wurde und seitdem als Felsvorsprungs Teil der Innsbrucker Nordkette ist.

Der Philosoph und Ökonom David Hume stellte fest: „Es besteht eine allgemeine Neigung unter den Menschen, sich alle Wesen ihnen ähnlich vorzustellen und auf jeden Gegenstand diejenigen Eigenschaften zu übertragen, mit denen sie näher vertraut und die dem Bewusstsein besonders gegenwärtig sind.“ Es ist unser Instinkt, in jedem Objekt etwas Menschliches zu erkennen. Bei einem Auto erkennen wir die Scheinwerfer als Augen und den Kühlergrill als Mund. Wir attestieren dem Fahrzeug damit eine bestimmte Gemütsverfassung. Autodesigner wissen das und gestalten die Frontpartie bewusst, um dem Fahrzeug ein freundliches Gesicht oder einen „bösen Blick“ zu verleihen. Diese Gesichter beeinflussen das Bild, das wir uns von einer Marke machen. Wenn wir in Marken menschliche Eigenschaften sehen, dann ist in der Fachsprache von „Markenpersönlichkeit" die Rede. Sie ist die Summe der menschlichen Eigenschaften, die die Konsumenten einem Produkt oder einem Unternehmen zuschreiben. Diese wahrgenommene oder projizierte Persönlichkeit ermöglicht es uns, eine Beziehung mit einer Marke einzugehen, die über den faktischen Nutzen der Produkte weit hinausgeht. Wir können mitunter eine emotionale Bindung entwickeln, die nichts mehr mit rationaler Beurteilung von Produkteigenschaften zu tun hat. Tatsächlich gehen zahlreiche Menschen eine lebenslange Beziehung mit ihrer Lieblingsmarke ein, die auf gemeinsamen Werten und dem Gefühl von Vertrautheit basiert. Konsumenten neigen dazu, jene Produkte und Dienstleistungen zu bevorzugen, die ihre eigenen Werte und Persönlichkeitsmerkmale widerspiegeln. Eine so entstandene emotionale Verbindung kann einen erheblichen Einfluss auf Kaufentscheidungen haben. In der Welt des Marketings kann die Entwicklung einer solchen Markenpersönlichkeit zu einem entscheidenden Faktor für den langfristigen Erfolg des Unternehmens werden.

Viele Marken, die auf Kinder ausgerichtet sind, verwenden ein Maskottchen, um der Markenpersönlichkeit ein Gesicht zu geben. Dabei handelt es sich meist um ein vermenschlichtes Tier, das von Kindern leicht wiedererkannt wird. In meiner Kindheit gab es den Hustinetten-Bär, damals eine der beliebtesten deutschen Werbefiguren, dessen Comic-Geschichten der Packung mit den Hustenbonbons beilagen. Diese Comics habe ich mit Sehnsucht erwartet und deswegen sogar Husten vorgetäuscht. „Tony, der Tiger" ist das bekannte Maskottchen der Kellogg's Frosties, das seit den 1950er-Jahren existiert. Der Hase auf der gelben Nesquick-Packung hat den Namen Quicky.

Diese Maskottchen bieten Kindern ein Gesicht zur Wiedererkennung und ermöglichen ihnen so eine leichtere Personifizierung des Produkts und damit eine stärkere Bindung an die Marke. Bei Erwachsenen funktioniert das nicht anders. So hatte Esso den „Tiger im Tank“, die Zigarettenmarke HB warb jahrelang mit dem HB-Männchen und Meister Proper ist wohl allen bekannt. Das weiße Michelin-Männchen heißt „Bibendum“ und geht zurück auf das Jahr 1894, als Autoreifen noch weiß waren. Erst später setzte man dem weißen Kautschuk Kohlenstoff hinzu, der den Gummi widerstandsfähiger machte – und schwarz.

Die Kuh „Adelheid“ wurde mit wasserlöslicher Farbe besprüht

Die 1970er-Jahre bildeten den Höhepunkt der Marken-Maskottchen. Der Einzug des Farbfernsehens inspirierte die Werbeagenturen zu bunten, animierten Figuren. Aus dieser Zeit stammen der Bausparfuchs von Schwäbisch Hall und das berühmte Duracell-Häschen. Auch die lila Milka-Kuh erblickte in dieser Zeit das Licht der Fernsehschirme. Dafür wurde die Kuh „Adelheid“ im Schweizer Simmental unter tierärztlicher Aufsicht mit wasserlöslicher Farbe besprüht, eine Prozedur, die mehrere Stunden dauerte. Als Adelheids Nachfolgerin „Schwalbe“ am Ende ihrer Karriere geschlachtet werden sollte, bildete sich prompt eine Bürgerbewegung und Schwalbe wurde gerettet.

Ronald McDonald, die ikonische Werbefigur von McDonald's, erblickte in den 1960er-Jahren das Licht der Welt. Sein Design orientierte sich an der berühmten amerikanischen Fernsehfigur „Bozo the Clown“. In den Anfängen war Ronald McDonald ein Sinnbild für fröhliche Unterhaltung und kindliche Begeisterung. Im Laufe der Jahrzehnte ist seine Popularität jedoch zurückgegangen, was größtenteils auf einen allgemeinen Wandel im Image von Clowns zurückzuführen ist.

Ihre ursprünglich positive Wahrnehmung hat sich im kollektiven Bewusstsein gewandelt und die Spaßmacher werden heute vermehrt als gruselig wahrgenommen.

In einer festen Beziehung

Susan Fournier ist Professorin an der Questrom School of Business der Boston University. Sie ist eine der führenden Forscherinnen zum Thema Marke und Verbraucherverhalten. Dabei konzentriert sie sich auf die Beziehungen von Konsumenten zu Marken und untersucht die Bindungen, die Menschen mit Marken eingehen. Was auf den ersten Blick abwegig klingt – kennen wir Beziehungen doch in erster Linie zwischen zwei Menschen, vielleicht noch zwischen Mensch und Tier –, ist mittlerweile ein wissenschaftlich belegtes Phänomen. Susan Fournier hat nachgewiesen, dass wir Menschen in der Welt der Marken nach langfristigen Partnern suchen und mit einer oder mehreren davon eine stabile Beziehung aufbauen.

Diese Beziehungen weisen erstaunliche Parallelen zu zwischenmenschlichen Bindungen auf. Fourniers Forschung basierte auf Hinweisen aus der Hirnforschung. Die emotionalen Reaktionen, die wir beim Erleben unserer Lieblingsmarke haben, sind ähnlich denen, die Menschen gegenüber einem Freund oder geliebten Menschen empfinden. Wenn es um unsere Lieblingsmarken geht, sind die neuronalen Muster ganz ähnlich wie bei einer zwischenmenschlichen Verbindung. Susan Fournier beobachtete, wie Menschen ihre Marken genauso verteidigten wie Freunde oder den eigenen Partner. Negative Äußerungen über die Lieblingsmarke lösten Abwehrreaktionen aus, vergleichbar mit der Reaktion auf Beleidigungen gegenüber den engsten Mitmenschen. Gemeinsam mit Jill Avery und John Wittenbraker erforschte Susan Fournier die vielfältigen Beziehungsformen zwischen Kunden und Marken. Dabei analysierten die Wissenschaftler umfangreiche Daten, deren Ergebnisse 2014 in der *Harvard Business Review* veröffentlicht wurden.

Kunden wollten einen One-Night-Stand mit der Marke

Die Forscher klassifizierten die Kunden in verschiedene Gruppen wie „One-Night-Stand", „Affäre", „flüchtige Bekannte", „Kollege", „Ehe in der Krise" und „alte Freunde". Sie wollten herausfinden, welchen Preis die Konsumenten der jeweiligen Gruppe für die entsprechende Marke bezahlen würden. Die Studie ergab, dass Kunden, die nach einem One-Night-Stand, also einem einmaligen Erlebnis mit der Marke suchen, bereit waren, einen höheren Preis zu zahlen, im Vergleich zu denen, die sich als bloße Kollegen der Marke betrachteten.

Ein One-Night-Stand ist ein Kunde, der die Marke nur gelegentlich, aber mit Leidenschaft kauft und dabei einen Verrat an der Marke begeht, zu der er üblicherweise greift. Die Wissenschaftler charakterisieren Erwachsene, die zum Käsesnack „Cheetos" greifen, als Menschen, die in einer geheimen Affäre mit der Marke stehen, und stellen fest: „Sie genießen die leuchtend orange Farbe des Snacks, die lustigen Formen, die käsige Unordnung und sogar die verräterischen Rückstände auf ihren Händen, die sie ableckten. Das gab ihnen das Gefühl, etwas wunderbar Verbotenes zu tun."

Diese Methode zur Einteilung von Konsumenten entpuppte sich für das Marketing als wesentlich zielführender als herkömmliche Segmentierung über Alter, Bildung oder Einkommen. So wie wir uns bei Freunden, Kollegen und Verwandten je nach der Art der Beziehung zu ihnen unterschiedlich verhalten, könnte eine Marke unterschiedliche Kommunikationsregeln in Bezug auf Angebote, Preise und Kommunikation mit den unterschiedlichen Kundentypen entwickeln. Für Menschen, die eine „Affäre" mit der Marke suchen, sollte die Marke Neuheit und Spannung bieten. Andererseits könnte eine Marke, die viele treue „Kollegen" hat, diese bei der Entwicklung neuer Produkte einbinden.

Laut einer Umfrage von Brandshare aus dem Jahr 2014 wünschen sich 80 Prozent der Konsumenten eine emphatische, einfühlsamere Beziehung zu ihrer Lieblingsmarke. Demnach sollten die Marken aktiv an dieser Beziehung arbeiten, statt lediglich Werbebotschaften auszusenden. Tatsächlich haben die Erwartungen der Kunden an den Service und die Kommunikation der Unternehmen einen Rekordwert erreicht, Tendenz weiter steigend. Fachleute sind überzeugt, dass in Zukunft die Marken, die diese Beziehung ernst nehmen und auf Augenhöhe mit ihren Kunden kommunizieren, die Nase vorne haben werden.

Welche konkreten Erwartungen haben die Menschen an ihre Marken? Das wollten die Forscher bei Sprout Social genauer wissen. In einer 2018 in den USA veröffentlichten Studie beschäftigten sie sich mit der Frage, was sich Menschen von einer Beziehung mit Marken versprechen. Ein Großteil der über tausend Befragten fand, dass die Gesellschaft der USA stärker gespalten sei als je zuvor, wobei sie die Politik und die Sozialen Medien als Hauptverursacher dieses Problem nannten. Andererseits drückten viele die Hoffnung aus, dass diese Spaltung überwunden werden könnte und es möglich sei, dass die Menschen einander wieder näherkommen.

78 Prozent drückten den Wunsch aus, dass Marken ihre Kraft nutzen sollten, um Menschen zusammenzubringen. Marken könnten als Vermittler fungieren, indem sie bessere Bezie-

hungen zu Verbrauchern aufbauen. Immerhin seien Marken ein wichtiger Kanal, um mit Menschen in Kontakt zu treten, sie haben eine loyale Anhängerschaft und können damit leichter Beziehungen zu Menschen herstellen. Mehr als die Hälfte der Befragten bekundeten außerdem ihr Interesse, mit Menschen in Kontakt zu treten, die anders sind als sie selbst. Um das zu ermöglichen, sollten Marken ihren Einfluss nutzen.

Mit zunehmender Nachfrage nach zwischenmenschlichen Verbindungen werden Marken offenbar in einem neuen Licht wahrgenommen. Manche Unternehmen arbeiten mittlerweile verstärkt an Möglichkeiten, die Beziehungen zu den Kunden zu verbessern, indem sie ihre Prioritäten verlagern. Sie entfernen sich schrittweise von ihrem Fokus auf Verkauf und Gewinnmaximierung und entwickeln eine ganz neue Rolle als Moderator von Communities und als Drehscheibe von Wertegemeinschaften, indem sie eine klare kulturelle, soziale und politische Haltung einnehmen.

In der Folge entwickeln viele Menschen eine tiefere Beziehung zu solchen Marken. Damit hebt sich das jeweilige Unternehmen wiederum stärker von seiner Konkurrenz ab. Sind Marken wirklich in der Lage, Menschen mit unterschiedlichen Weltanschauungen zusammenzubringen? Immerhin glauben 81 Prozent der Befragten, dass Marken deshalb gute Vermittler wären, weil ihre Produkte ein breites Kundenspektrum ansprechen. 58 Prozent meinen, dass große Marken deshalb als Vermittler wirken können, weil sie in den Medien präsent sind und weltweite Aufmerksamkeit genießen.

Verliebt in eine Marke

Viele Menschen haben so etwas wie eine Lieblingsmarke, die ihnen im Laufe der Zeit ans Herz gewachsen ist. Bei meiner

Schwester Erika sind es die bunten Notizbücher, bei der Künstlerin in meinem Vortrag ist es ein französisches Modelabel. Ich selbst habe in meinem Leben etwa 15 Lieblingsmarken gehabt. Einige davon könnte man als verflossene Liebe bezeichnen, zum Beispiel Matador oder Playmobil.

Können wir eine Marke wirklich lieben? Terence Shimp und Thomas Madden haben sich an der University of South Carolina bereits im Jahr 1988 mit dieser Frage beschäftigt. Die beiden Wissenschaftler haben beobachtet, dass Menschen Beziehungen zu Marken entwickeln können, die von Zuneigung bis hin zu dem Zustand reichen, den wir als „Liebe" bezeichnen. Bei ihrer theoretischen Überprüfung stützten sie sich auf die „Dreieckstheorie der Liebe", ein Modell, das 1984 vom Psychologen Robert Sternberg entwickelt wurde. Dieses Modell besagt, dass Liebe aus drei Elementen besteht: Intimität („Initmacy"), Leidenschaft („Passion") und Bindung („Commitment"). Diese Komponenten stellte Sternberg in einem Dreieck dar. Shimp und Madden wollten wissen, ob sich dieses Modell auf die Beziehung zwischen Mensch und Marke anwenden lässt.

Es gibt etliche Studien, die die Idee stützen, dass wir Menschen eine starke Nähe zu manchen Produkten und Marken aufbauen und diese sogar als Teil unserer Persönlichkeit betrachten. Diese Vertrautheit kann man als Intimität bezeichnen. Aber können wir Leidenschaft für Objekte wie Marken empfinden? Auch hier kamen einige Studien zu dem Schluss, dass der Mensch bisweilen bestimmte Produkte leidenschaftlich begehren kann. Wir können regelrecht süchtig nach bestimmten Markenprodukten sein und Markenleidenschaft ist eine ganz wesentliche, motivierende Kraft des Konsums. Damit können wir einen Haken an den zweiten Punkt unseres Dreiecks setzen.

Der dritte Punkt, Commitment, ist nicht eindeutig zu übersetzen. Es bedeutet Bindung, Entscheidung oder Engagement und beschreibt den Wunsch, eine Beziehung aufrechtzuerhalten. Das Commitment bildet eine wichtige Komponente in Sternbergs Dreieckstheorie der Liebe. Im Marketing wird diese Bindung als Markentreue oder „Brand Loyalty" bezeichnet. Diese Markentreue gilt seit Langem als entscheidend für den Erfolg des zugehörigen Unternehmens, da sie zu wiederholten Käufen und einer stabilen Kundenbasis führt. Wenn wir Sternbergs psychologische Definition von Liebe anerkennen, dann sind wir offensichtlich fähig, für Marken Liebe zu empfinden.

„Produkte werden in der Fabrik hergestellt, Marken entstehen im Kopf." Dieses Zitat stammt von Walter Landor, dem schillernden Pionier in der Welt der Marken, dessen Lehren bis heute in der Fachwelt Beachtung finden. Die Agentur Landor Associates, die er 1941 gründete, hat heute Niederlassungen auf der ganzen Welt und entwickelte einige der größten Marken unserer Zeit. Mit diesem Zitat meinte Walter Landor nicht die Köpfe der Manager eines Unternehmens und auch nicht die Köpfe der Werbeagenturen, die beauftragt werden, um eine Marke zu inszenieren.

Die Marke entsteht also in den Köpfen der Konsumenten. Jeff Bezos, der Gründer von Amazon, formulierte es so: „Ihre Marke ist das, was andere Leute über Sie sagen, wenn Sie nicht im Raum sind." Noch einen Schritt weiter ging Kevin Roberts, CEO der Werbeagentur Saatchi & Saatchi, als er einmal eine Ansprache vor einer großen Gruppe von Managern hielt: „Wenn Sie denken, dass die Marke Ihnen gehört, machen Sie einen großen Fehler, denn die Marke gehört den Menschen."

Wenn Marken in unserem Kopf entstehen, dann sollten wir Menschen fragen, die sich in unserem Kopf auskennen.

Der Neurowissenschaftler Paul Zak leitet das Center for Neuroeconomics Studies an der Claremont Graduate University und veröffentlichte die Bücher „Moral Markets“ und „The Moral Molecule“. In einem Experiment untersuchte Zak mit seinem Team, wie viel Oxytocin im Gehirn freigesetzt wurde, wenn die Teilnehmer nach ihren Lieblingsmarken gefragt wurden. Daneben zeichnete er weitere Reaktionen wie Herzfrequenz und Nervenzuckungen auf.

Die gemessenen Ergebnisse zeigten, dass Personen, deren Beziehung zu einer Marke mit einer persönlichen Geschichte verbunden war, diese Marke sogar mehr liebten als manches Mitglied der Familie. Ein anderer Proband hatte stärkere Gefühle zu seiner Armbanduhr, die er von seinem Vater geerbt hatte, als zu seiner Freundin. Zaks Studie wird teilweise skeptisch betrachtet, da sie nur eine kleine Zahl an Teilnehmern hatte.

Er liebte die Uhr mehr als seine Freundin

Shinya Watanuki und Hiroyuki Akama forschen an der University of Marketing and Distribution Sciences in Kobe. Sie wollten ein für alle Mal klären, was es mit der Liebe auf sich hat und ob wir tatsächlich die gleichen Gefühle für Marken wie für Menschen empfinden können. Im Jahr 2020 untersuchten sie 47 neurowissenschaftliche Studien, um „Markenliebe“ sowohl mit mütterlicher Liebe als auch mit romantischer Liebe zu vergleichen.

Die Ergebnisse zeigten, dass bestimmte Gehirnregionen, wie der Putamen und die Insula, in allen drei Arten aktiviert waren. Der dorsale Striatum wurde speziell mit Markenliebe in Verbindung gebracht. Regionen, die mit mütterlicher Liebe assoziiert waren, befanden sich im kortikalen Bereich und im

Globus pallidus, während romantische Liebe mit hedonischen und intimbezogenen Regionen wie dem Nucleus accumbens und dem ventralen Tegmentalbereich verbunden war. Die Gemeinsamkeiten zwischen Marken- und romantischer Liebe wurden im dorsalen Striatum identifiziert. Im Gegensatz dazu gab es wenige Überschneidungen zwischen Markenliebe und mütterlicher Liebe. Kurz gesagt, die Ergebnisse deuten darauf hin, dass unser Gehirn die Liebe zu einer Marke etwas anders bewertet als die Liebesbeziehung zu einem Menschen.

In der Marketing-Welt setzte sich ungeachtet dessen immer mehr der Begriff „Brand Love“ und „Love Brands“ durch. Kevin Roberts, CEO von Saatchi & Saatchi, prägte 2005 den Begriff „Lovemarks“. Darunter verstand er Marken, Events und Erlebnisse, die Menschen einfach lieben. Lovemarks allein würden diese über alle Maßen hinausgehende Loyalität hervorbringen. Eine wissenschaftliche Basis für diese Behauptung gibt es nicht. Nichtsdestotrotz begannen immer mehr Werber und Marketing-Fachleute den Unternehmen zu versprechen, aus ihrer Marke eine „Love Brand“ machen zu können.

Um eine Love Brand zu werden, müsse das Unternehmen laut Roberts zunächst eine Vision für die Zukunft entwickeln, sodann sollte es alle Mythen und Geschichten rund um das Unternehmen sammeln, bis sich schließlich alles zu einer „Brand Story“ zusammenfügt. In weiterer Folge sollen das Unternehmen und seine Produkte Sinnlichkeit ausstrahlen, um die Kunden zu verführen. Dazu werden alle fünf Sinne stimuliert. Engagement, Empathie und Leidenschaft trügen schließlich dazu bei, dass sich eine starke Vertrauensbindung zum Kunden bildet, vergleichbar mit der Beziehung zwischen zwei verliebten Menschen. Lovemarks seien in der Lage, die Träume der Verbraucher zu verstehen, großartige Erlebnisse zu schaffen und die Marke zu einem Teil von deren Leben zu machen.

Diese drei Punkte erinnern uns an Sternbergs Dreieckstheorie der Liebe und tatsächlich konnte ich diese Elemente bei besonders erfolgreichen Marken nachweisen. Eine Lovemark zu etablieren ist – wie der Aufbau einer Marke generell – ein Marathon und niemals ein Sprint.

Es ist wichtig, Freunde oder einen geliebten Partner im Leben zu haben, wenn es uns nicht gut geht, wenn wir krank sind oder Schmerzen haben. Die Wissenschaft hat gezeigt, dass eine gute Beziehung sogar körperliche Schmerzen lindern kann. Sind Marken etwa auch dazu imstande? Kann unsere Lieblingsmarke Leid lindern, so wie es ein menschlicher Beziehungspartner vermag? Haben Marken sogar heilende Kräfte?

Die Wissenschaftler Martin Reiman, Sandra Nuñez und Raquel Castaño wollten herausfinden, ob die Lieblingsmarke Schmerzen lindern kann. In einem Experiment wurden die Teilnehmer gefragt, ob sie eine Vorliebe für eine bestimmte Marke hätten. Jetzt sollten sie ihre Hände für eine Minute in 5°C kaltes Wasser legen. Im Anschluss sollten die Teilnehmer auf einer Skala von eins bis sechs bewerten, wie groß der durch die Kälte empfundene Schmerz war. Direkt danach wurde ihnen auf einem Bildschirm für zehn Sekunden das Logo ihrer Lieblingsmarke gezeigt. Im Anschluss sollten sie die Intensität des Schmerzes erneut bewerten. Den Teilnehmern der zweiten Gruppe wurde auf dem Bildschirm hingegen statt eines Logos nur ein einfaches Symbol gezeigt.

Das Ergebnis war verblüffend: Diejenigen Personen, die von ihrer Lieblingsmarke „getröstet“ wurden, verspürten danach deutlich weniger Schmerz als die Teilnehmer, die kein Logo sahen. In vier weiteren Versuchen haben die Forscher unter anderem festgestellt, dass der Schmerz stärker gelindert wurde, wenn es sich um Marken handelte, denen menschliche Eigenschaften zugeschrieben wurden. Je menschlicher die Markenpersönlichkeit, desto stärker war der heilende Effekt. Die Autoren kamen zu dem Schluss, dass das Gefühl sozialer Verbundenheit mit einer Marke sowohl Schmerz als auch psychischen Stress lindern kann. In ihrem Artikel „Brand-Aid“ im *Journal of Consumer Research* erläutern sie, dass Marken als menschenähnliche Beziehungspartner fungieren, die uns Sicherheit und Geborgenheit vermitteln können. Das Gefühl sozialer Verbundenheit, das bestimmte Marken in uns hervorrufen, kann uns sogar bei der Bewältigung schwieriger Aufgaben im Leben unterstützen.

In unsicheren Zeiten gewinnen althergebrachte, vertraute Marken wieder an Bedeutung. In unserem Limbischen System nimmt der Wunsch nach Stimulanz ab, während das Bedürfnis nach Balance zunimmt. Viele Menschen suchen daher weniger nach Marken, die neue Erlebnisse und Kicks versprechen, sondern nach solchen, die Kontinuität und Geborgenheit vermitteln. Sie umgeben sich gern mit altbekannten Marken, die ihnen schon das ganze Leben lang vertraut sind. Die eine oder andere ist ihnen dabei ein Freund oder sogar ein geliebter Partner geworden, der Trost spenden und sogar Schmerz lindern kann.

SEH
NSU
CHT

„Ich will genau das, was sie hatte!“

—Estelle Reiner in „Harry und Sally“, 1989

Warum wir von Marken träumen, warum Luxusartikel so teuer sind, wer wirklich gefälschte Produkte kauft und warum unfreundliches Personal gut fürs Geschäft ist

Es war einer dieser verregneten Sonntage. Ich beschloss, eine kleine Pause vom Schreiben zu machen, und setzte mich neben Jasmin aufs Sofa. Sie blätterte gerade in einer Zeitschrift, während ich über das nächste Kapitel für dieses Buch nachdachte. Jetzt zeigte Jasmin auf die Abbildung einer Handtasche. Es war eine ganz normale Tasche, wie ich fand, denn Handtaschen sahen für mich im Grunde alle gleich aus. Jasmin hatte mich einmal darauf hingewiesen, dass ich das Universum der Handtaschen unbedingt kennen müsse, wenn ich vorhätte, ein Kapitel über Luxusmarken zu schreiben. Das war natürlich einleuchtend und so betrachtete ich das Foto genauer. „Achttausend Euro!?", rief Jasmin. „Was kann an dieser Tasche dran sein, dass sie so viel kostet?"

Als liebender Partner hätte ich jetzt in ihre Empörung einstimmen müssen. Stattdessen kam der Markenstratege in mir zum Vorschein und mit Pastorenstimme erklärte ich, dass ein unverschämt hoher Preis die Grundvoraussetzung für ein Luxusobjekt sei. Der hohe Preis hänge nämlich, so führte ich aus, in keiner Weise mit den Kosten der Herstellung zusammen, er sei vielmehr eine willkürliche Eigenschaft des Produkts, möglicherweise sogar die wichtigste. Ohne diesen anstößigen Preis, schloss ich mein Plädoyer, würden wir das Gespräch über diese Handtasche gar nicht führen und höchstwahrscheinlich hätten die Redakteure des Magazins überhaupt nicht über die Tasche berichtet.

Fast alle Luxusmarken haben einmal als Handwerksbetrieb begonnen, sie sind oder waren zumindest einmal in der Lage, Dinge in außergewöhnlicher Qualität herzustellen. Die Qualität bildete damals den Grundstein der Marke. Aber das ist lange her. Für die Markenbildung im Luxussegment sind heute gute Geschichten, die sich rund um das Unternehmen ranken, viel wichtiger.

Jeder Marketing-Azubi weiß zumindest in der Theorie, was „Storytelling" bedeutet, und kann von seiner Bedeutung für die Inszenierung einer Marke berichten. Die Dramen rund um die Familie Gucci waren so abstrus, dass sie nicht einmal Francis Ford Coppola erfinden hätte können. Voll von Lügen und Intrigen gipfelten die Ereignisse schließlich sogar in einem Auftragsmord, wie man im Film „House of Gucci" erfährt, der 2021 unter der Regie von Ridley Scott entstand. Geschichten wie diese erregen unsere Faszination. Es sind Legenden, die uns so in ihren Bann ziehen, dass wir Leidenschaft für die Marke entwickeln. Diese Geschichten bilden die Basis für die Inszenierung jeder starken Marke, je dramatischer sie sind, desto besser.

Aber Geschichten allein machen noch keine Luxusmarke. Viele Produzenten von einfachen Dingen haben ebenfalls eine bewegte Geschichte, sind aber weit davon entfernt, dem Luxussegment anzugehören. Coca-Cola ist einer davon. Die dunkle Limonade wurde im Jahr 1885 vom Apotheker John Pemberton in Atlanta entwickelt. Das Getränk war ursprünglich als Arznei gedacht und enthielt tatsächlich Kokain. Drei Jahre später verkaufte Pemberton die Rechte an seiner Formel für 2.300 Dollar an den Geschäftsmann Asa Griggs Candler. Dieser schrieb 1915 einen Wettbewerb aus, denn er wollte eine unverwechselbare Flasche, die seine Limonade von Konkurrenzprodukten abheben sollte. Der Gewinner des Wettbewerbs entwarf eine bauchige Flasche im Tiffany-Stil, inspiriert durch die weiblichen Konturen der Schauspielerin Mae West.

Coca-Cola ist heute eine der größten Marken der Welt. Das Unternehmen blickt unbestritten auf eine abwechslungsreiche Geschichte zurück, aber ein Luxusobjekt ist die Limonade nicht. Erst ein empörend hoher Preis macht aus einem herkömmlichen Produkt ein Objekt der Begierde. Ohne ihn wäre die Handtasche in Jasmins Zeitschrift kein begehrtes Luxusobjekt, sondern ein ganz normaler Gebrauchsgegenstand.

Ein unverschämt hoher Preis ist die wichtigste Eigenschaft

Den Effekt des unerhörten Preises wollte das deutsche Unternehmen Sennheiser nutzen. Der 1945 gegründete Hersteller von Kopfhörern und Mikrofonen geriet nach der Jahrtausendwende unter Druck, als vermehrt Hersteller aus Asien in den Markt eintraten. Die Produktion in einem Vorort von Hannover war kaum noch konkurrenzfähig gegenüber den günstigeren Produkten aus Fernost. Die Produktion nach Asien zu verlagern, war für die Geschäftsführung keine Option, die Kosten zu senken daher nicht möglich. Es blieb nur eines: Die Zahlungsbereitschaft der Kunden zu erhöhen. Nach dem Vorbild der Schweizer Uhren entschied man sich, die Marke Sennheiser eine Stufe höher anzusiedeln und mit einem Hauch von Luxus zu umgeben. Zum 70-jährigen Bestehen stellte Sennheiser „Orpheus", einen Kopfhörer der Luxusklasse, vor. Der Kopfhörer selbst wurde begleitet von einem Röhren-Verstärker, der auf einem Block aus Carrara-Marmor saß. Die Ohrpolster waren aus Leder in Handarbeit gefertigt. Das Wandlerprinzip des Kopfhörers war elektrostatisch und die Membran bestand aus einer dünnen, Platin-bedampften Schicht. Die Verzerrungswerte sollten unter 0,01 Prozent liegen.

Viel wichtiger als die technische und handwerkliche Meisterleistung war allerdings der Preis. Mit einem Verkaufspreis von 50.000 Euro war „Orpheus" nämlich der teuerste Kopfhörer der Welt. Niemand von uns kann sich der Faszination entziehen, die von Superlativen ausgeht. Wenn es sich um das teuerste Objekt seiner Art handelte, war mediale Aufmerksamkeit daher garantiert. Der Marketing-Leiter von Sennheiser erzählte mir einmal, Stevie Wonder habe sich gleich zwei Stück bestellt. Ich weiß nicht, ob das stimmte, jedenfalls war es eine gute Geschichte für die Vermarktung.

Vergessen wir dabei nicht, dass es beim Orpheus nie darum ging, ihn zu verkaufen. Wer weiß, vielleicht wurde ja nur eine Handvoll von diesem Prunkstück produziert. Die Positionierung der Marke Sennheiser im Luxussegment war jedenfalls erfolgreich und die Konsumenten waren nun eher bereit, für die regulären Produkte des Unternehmens mehr zu bezahlen als für jene der Konkurrenz.

Ein unverschämt hoher Preis ist die wichtigste Eigenschaft für ein Luxusgut. Verstärkt wird die Faszination eines Artikels durch die begrenzte Verfügbarkeit. Meist sind es Uhren und Taschen, die von den jeweiligen Unternehmen künstlich verknappt werden, um ihren Wert und ihre Begehrlichkeit zu steigern. Die Hersteller produzieren ganz bewusst geringere Stückzahlen oder legen limitierte Editionen auf, um die Nachfrage zu steigern. Das führt zu verzögerten Lieferzeiten und es entstehen Wartelisten, die gern von den Medien aufgegriffen und in Social Media verbreitet werden, ohne dass dem Unternehmen dabei Werbekosten entstehen.

Die „Daytona" des Uhrenherstellers Rolex, eine Legende unter den Armbanduhren, ist solch ein künstlich verknapptes Produkt. Der Chronograf mit den drei charakteristischen Hilfszifferblättern zeigt einen Sekundenzähler, einen 30-Minuten-Zähler sowie einen 12-Stunden-Zähler. Die Daytona wurde in den 1960er-Jahren für Rennfahrer entwickelt und zählt heute zu den gefragtesten Uhren überhaupt. Die Wartezeit für eine Rolex Daytona beträgt zurzeit drei bis fünf Jahre. Natürlich könnte das Unternehmen jederzeit mehr produzieren, aber das wäre dem Hype abträglich, der sich um dieses Objekt gebildet hat.

Bei derart nachgefragten Produkten bildet sich unweigerlich ein reger Graumarkt. Offizielle Händler verkaufen ihre überschüssigen Uhrenbestände an Händler, die keinen Lizenzvertrag mit den Herstellern haben. Diese können die Uhren mit Rabatten weiterverkaufen, da sie an keine Preise und Abgabenbegrenzungen gebunden sind. Die Händler sind international vernetzt und beziehen ihre Waren meist aus anderen Ländern, wo bestimmte Modelle weniger nachgefragt sind und zudem niedrigere Mehrwertsteuersätze gelten. Im Gegensatz zum Schwarzmarkt handelt es sich bei diesem Graumarkt allerdings um einen legalen Handel mit echten Uhren. So kann es einem Interessenten gelingen, die lange Wartezeit zu umgehen.

Die Birkin Bag ist eine Handtasche, die von der französischen Luxusmarke Hermès im Jahr 1984 vorgestellt wurde. So wie Gucci in Florenz begann Hermès als kleine Sattlerei in einem Pariser Vorort. Heute produziert das Unternehmen die teuersten Taschen der Welt. Mit den Modellen Kelly Bag, Birkin Bag und Constance Bag hat sich Hermès in eine eigene Liga katapultiert.

Die Schauspielerin und Sängerin Jane Birkin begegnete auf einem Flug Anfang der 1980er-Jahre Jean-Louis Dumas, dem Geschäftsführer von Hermès. Als sie ihre Handtasche öffnete, fiel ein Großteil des Inhalts heraus und verstreute sich über den Boden. Birkin rief Dumas zu: „An dem Tag, an dem Hermès eine Handtasche mit Innentaschen herstellt, besorge ich sie mir." Die Idee zur Birkin Bag war geboren. Dumas setzte ihren Wunsch um und als Geschenk erhielt Jane Birkin das erste Modell. Natürlich war sie einverstanden, dass Hermès ihren Namen als Modellbezeichnung nutzte.

Bei manchen Handtaschen gibt es eine Warteliste für die Warteliste

Die Birkin Bag ist heute eine der begehrtesten Handtaschen und hat daher eine besonders lange Wartezeit. Etwa drei Jahre muss man sich in Geduld üben, wenn man dieses schöne Stück erwerben möchte. Zuweilen werden Wartelisten auch geschlossen. Dann ärgern sich die Interessenten, dass sie bestenfalls auf einer Warteliste für die Warteliste stehen. Gerade erfuhr ich von meiner Frau, dass die Bucket Bag von Mansur Gavriel derzeit den Rekord hält. 55.000 Anwärterinnen sollen zurzeit vorgemerkt sein. Medienberichten zufolge gilt diese Tasche als das begehrteste Luxusobjekt der Welt. Zumindest so lange, bis sich ein neuer Rekord einstellt.

Marita fischte die Einkaufsliste aus der Außentasche ihres Parkas. Ihr Outfit war „relaxed", unter ihrem alten Parka trug sie ein weites T-Shirt, dazu Blujeans und komfortable Sneakers. Über die Schulter trug sie einen leicht verbeulten Shopper ohne Logo. Man hätte meinen können, dass Marita nicht um ein stilistisches Statement bemüht war, aber ihre Kleidung war durchaus Ausdruck ihrer Persönlichkeit. In der Mutter zweier fast erwachsener Kinder steckte immer noch eine Rebellin, die mit ungebrochener Energie und einer wilden Haarmähne ihre Umgebung in Unruhe versetzen konnte.

Davon stand bei ihrem heutigen Weg durch das Stadtzentrum eigentlich nichts auf der Liste. Im Gegenteil, als Nächstes wollte sie ihre Armbanduhr, die vor Monaten schon ihre Tätigkeit eingestellt hatte, zur Reparatur bringen. Eigentlich trug Marita nur selten eine Uhr an ihrem Armgelenk, und wenn, dann nicht eine wertvolle wie diese. Aber kaputte Dinge waren nichts anderes als stille Aufträge, denen man früher oder später Folge leisten musste, stellte Marita seufzend fest.

Ein livrierter Mann öffnete die Glastür und Marita betrat die sanft ausgeleuchteten Räume des Cartier Stores. Sie legte ihre goldene „Tank“ mit schwarzem Krokolederband auf die samtene Juwelenunterlage, die auf dem gläsernen Tresen ausgebreitet war, und brachte ihr Anliegen vor. Die Angestellte musterte Marita kritisch und etwas zu lange, wobei die Grenze der Höflichkeit merkbar überschritten wurde. Dann legte sie den Kopf in den Nacken und senkte die Lider. Ihr dunkles Haar hatte die Mittdreißigerin hochgesteckt, wobei jede einzelne Strähne ihre korrekte Position behielt. Sie trug ein schwarzes Etuikleid mit Dreiviertelärmeln. Das Make-up war makellos, lediglich der Eyeliner war eine Nuance zu dick aufgetragen. Ohne einen Blick auf die Uhr zu werfen, sah sie auf Marita herab und sagte, halb vorwurfsvoll, halb triumphierend: „Wir übernehmen keine Reparaturaufträge von Replikaten.“

Marita hatte sich zu diesem Zeitpunkt nicht bewusst gemacht, wie sehr ihr Outfit mit dem Rahmen kontrastierte, in dem sie sich bewegte. Die meisten Menschen an ihrer Stelle wären gekränkt gewesen, aber Marita war eine kampflustige Person und für Konfrontationen dieser Art bestens gewappnet. Sie zog die Augenbrauen hoch, fast als ob ihr die Angestellte leidtat, und konterte in einer etwas tieferen Stimmlage als zuvor: „Mein Mann mag einige Fehler haben, aber dass er mir gefälschte Uhren schenkt, gehört definitiv nicht dazu.“

Es entstand eine kurze Pause, in der man die Uhr auf dem schwarzen Samt ticken hören hätte können, wenn sie nicht kaputt gewesen wäre. Ohne weiter auf Maritas Gegenschlag einzugehen, holte die Mitarbeiterin eine schwarze Mappe aus der Lade, entnahm ihr ein Formular mit dem Titel „Reparaturübernahme“ und begann es auszufüllen, indem sie einsilbig und ohne aufzusehen nach Name und Kontaktdaten fragte. Die Uhr wurde innerhalb des angemessenen Zeitraums von vier Monaten anstandslos repariert und lag seither ganz hinten in der Lade von Maritas Nachtkästchen.

Quäle mich, dann kauf ich dich

Haben Sie jemals mit arrogantem Verkaufspersonal zu tun gehabt? Steckt vielleicht sogar eine Absicht hinter der Unhöflichkeit der Menschen hinter den Tresen der Luxusboutiquen? Menschen sind tatsächlich bereit, mehr Geld auszugeben, wenn sie zuvor schlecht behandelt wurden. Das behauptet zumindest eine aktuelle wissenschaftliche Studie, derzufolge Menschen in teuren Markenstores durch schlechte Behandlung motiviert werden, Käufe zu tätigen. Der Grund dieses Verhaltens liegt in der menschlichen Natur. Die schlechte Behandlung führt zu dem Wunsch, einem exklusiven Club anzugehören. Mit dem Erwerb eines teuren Artikels erkaufe sich der Kunde die Anerkennung und demonstriere so, für diese „Mitgliedschaft“ qualifiziert zu sein.

Morgan Ward von der Southern Methodist University sagte: „So beunruhigend es auch sein mag, in einem Luxusumfeld scheint sich herablassendes Benehmen positiv auf die Marke auszuwirken.“ Wir kaufen, um Mitglied eines Stammes zu werden, der uns signalisiert, dass er uns nicht braucht. In ihrem Experiment inszenierte Ward mit ihren Kollegen eine gespielte Verkaufssituation. Die falschen Verkäufer gaben vor, Marken wie Gucci, Louis Vuitton oder Burberry zu repräsentieren.

Die eine Gruppe von Verkäufern sollte unhöflich agieren, die andere sich normal verhalten. Nach unhöflicher Behandlung zeigten die Kunden einen gesteigerten Wunsch, Luxusprodukte zu kaufen. McKenzie Kirby war eine der arglosen Kundinnen in diesem Experiment. „Ich war hübsch gekleidet und hatte meine Prada-Tasche dabei", erzählte die 21-Jährige nach dem Erlebnis. „Ich fragte einen Verkäufer nach Hautpflege-Artikeln. Er antwortete, dass diese Produkte zu teuer für mich seien. Ich war so wütend, dass ich den Eyeliner für 45 Dollar gekauft habe, nur um ihm zu zeigen, dass ich es kann", berichtete McKenzie erschrocken.

Die Forscherin Morgan Ward kam zu dem Schluss, dass Luxusmarken mehr verkauften, wenn das Ladenpersonal unhöflich und hochnäsig war. Dieser Effekt funktioniere allerdings nicht bei günstigeren Marken. Ihre Forschungsergebnisse veröffentlichte Morgan Ward unter dem Titel „Sollte der Teufel Prada verkaufen?".

Im Jahr 2013 reiste Oprah Winfrey zur Hochzeit von Tina Turner in die Schweiz. Bei einem Einkaufsbummel in Zürich interessierte sich die berühmte Talkmasterin für eine Handtasche von Tom Ford um 38.100 Dollar. Die Verkäuferin der Boutique weigerte sich, ihr die Tasche zu zeigen, und meinte, sie sei zu teuer für sie.

Hochnäsiges Verhalten des Verkaufspersonals kann tatsächlich dazu führen, dass Kunden nach mehr verlangen, meint auch der kanadische Wirtschaftsprofessor Darren Dahl. „Ich möchte keinem Club angehören, der jemanden wie mich als Mitglied aufnimmt", schrieb Groucho Marx in einem Telegramm an den Friars Club, um seinen Austrittswunsch zu bekunden. Hinter dieser ironischen Note steckt ein psychologisches Phänomen. Unser Unterbewusstsein lenkt unsere Aufmerksamkeit auf schwer erreichbare Dinge und lässt sie begehrenswert erscheinen. Dinge, die wir hingegen ohne Anstrengung erreichen können, erachten wir als weniger wertvoll.

Unser Instinkt macht uns glauben, dass seltene oder schwer erreichbare Dinge einen besonders hohen Wert haben. In der Psychologie kennt man dieses Phänomen als „Knappheitsprinzip". Es verleitet uns zu Fehlurteilen, die mitunter eine tragische Ironie haben. In der Serie „The Big Bang Theory" ist Leonard in romantischer Weise auf seine hübsche Nachbarin Penny fixiert. Penny zeigt lange Zeit kein Interesse an ihm und äußert sich sogar geringschätzig über seinen Lebensstil. Das reicht aus, um Leonards Schwärmerei in Besessenheit zu verwandeln. Obwohl Leonard und Penny gar nichts gemeinsam haben, projiziert er das Bild der idealen Partnerin auf die Person, die ihn immer wieder ablehnt. Die attraktive Alba hingegen, die seine Liebe für Comics teilt und ehrliches Interesse an ihm bekundet, lässt er abblitzen. Pennys wiederholte Abweisungen machen Leonard instinktiv glauben, sie sei die einzig wahre Partnerin für ihn.

Coole Marken sind begehrt und kühle Distanziertheit ist offenbar gut fürs Geschäft. Aber warum erscheint uns das „Kühle" als attraktiv? Immerhin machen uns hochpreisige Marken seit Jahren glauben, dass Kälte ein Synonym für Status und Luxus sei. In unserer Alltagssprache sind Attribute wie „cool" oder „chilled" positiv besetzt. In Werbebotschaften für teure Produkte kommen Materialien wie Metall, Glas und Eis auffallend oft vor. Sollen sie eine Verbindung von niedrigen Temperaturen zu exklusivem Lebensstil herstellen?

In der romantischen Komödie „Wie werde ich ihn los – in 10 Tagen" entwarf Matthew McConaughey als Werbetexter für einen Diamantenhändler den Werbeslogan „Frost Yourself". In der deutschen Synchronfassung hieß es „Elegant wie das ewige Eis". Angeblich wird in teuren Boutiquen die Temperatur bewusst niedrig gehalten, um den Konsum anzukurbeln.

Funktioniert das? Wenn ja, warum assoziieren wir Luxus mit Kälte? Oder ist es nur eine fixe Idee der Werbeindustrie?

Kalte Dinge werden als wertvoller eingestuft

Die Psychologen Jaewoo Park und Rhonda Hadi wollten herausfinden, ob es in unserem Gehirn tatsächlich einen Zusammenhang zwischen Kälte und Begehrlichkeit gab. Abgesehen von den Beispielen aus der Werbung und der Pop-Kultur gab es bislang keine Forschung, die diesen Zusammenhang untersuchte. Im Jahr 2019 machten Park und Hadi dazu eine Reihe von Experimenten. Im ersten Versuch wurde den Teilnehmern eine Vase präsentiert. Der ersten Gruppe zeigten sie eine eisgekühlte Vase, der zweiten Gruppe eine Vase, die Raumtemperatur hatte. Die Teilnehmer bewerteten die kältere Vase als luxuriöser und begehrenswerter.

In einem weiteren Experiment sollten die Teilnehmer verschiedene Düfte bewerten. Ein winterlicher Duft wurde dabei als luxuriöser und begehrenswerter eingestuft als ein Geruch nach Frühling. Die Forscher kamen zu dem Schluss, dass die Assoziation von Kälte mit Luxus auf tief verwurzelte Empfindungen zurückzuführen ist. Die Verbindung von Wärme mit der Nähe zur mütterlichen Haut seit unserer Geburt führt dazu, dass kühlere Temperaturen als Zeichen von körperlicher und sozialer Distanz wahrgenommen werden. Dies könnte den Luxusprodukten eine exklusive Ausstrahlung verleihen. Es würde außerdem erklären, warum ein teures Teil, sobald wir es nach Hause ins Warme gebracht haben, seine luxuriöse Aura einbüßt.

Es war Anfang der 1990er-Jahre und ich blätterte die Wochenzeitschrift meiner Großmutter durch. Da ging es in erster Linie um Kreuzworträtsel, Ginseng-Präparate und darum, mit wem Prinzessin Caroline von Monaco den letzten Urlaub verbracht hatte. Ich blätterte weiter und blieb schließlich bei einer Geschichte hängen, in der eine Frau – sie mochte etwa dreißig Jahre alt gewesen sein – von der Erfüllung ihres größten Traumes erzählte. Sie war von Beruf Angestellte und ihr Lebenstraum sei es immer schon gewesen, einmal einen Ferrari zu besitzen.

Ferrari verbindet wie keine andere Automarke die Essenz von Luxus, Leistung und italienischem Design. Gegründet im Jahr 1939 von Enzo Ferrari, hat das Unternehmen eine reiche Motorsportgeschichte und ist aufgrund seiner Erfolge in der Formel 1 zu einem Symbol für Geschwindigkeit und Eleganz geworden. Das springende Pferd im Logo von Ferrari geht auf eine ungewöhnliche Begegnung mit Graf Baracca zurück, dessen Flugzeug als Emblem ein springendes Pferd trug. Enzo Ferrari glaubte, dass ihm das Pferd Glück bringen würde, und machte es zum Logo des Unternehmens. In der gängigen Wahrnehmung waren es fast ausschließlich Männer jenseits der Fünfzig vom Typ Flavio Briatore, die einen Ferrari fuhren.

Die junge Frau, die auf dem Foto der Zeitschrift meiner Großmutter stolz vor ihrem roten Ferrari 308 GTS stand, war daher auf den ersten Blick außergewöhnlich. Sie verriet den Lesern, dass sie die letzten 15 Jahre jeden Cent, den sie als Angestellte verdiente, für ihren Traum zur Seite gelegt und dafür auf Urlaube und andere Anschaffungen verzichtet hatte.

Der weltweite Luxusmarkt wird voraussichtlich schon bald den neuen Höchstwert von 1,5 Billionen Euro Umsatz erreichen, sagt eine Prognose. Das würde ein beeindruckendes Wachstum von acht bis zehn Prozent pro Jahr bedeuten, und das trotz wirtschaftlicher Unsicherheiten, hoher Energiepreise und Rekordinflation. Fast ein Drittel dieses Volumens entfällt auf den Bereich der Luxusbekleidung.

Die Vermarktung der Luxusmarken zielt längst nicht mehr nur auf reiche Kunden ab, denn davon gibt es viel zu wenige. In der Schlange, die sich vor dem Louis Vuitton Store bildet, werden sie keine Angehörigen der oberen Zehntausend finden. Luxusmarken und ihre Vermarktung sind in erster Linie interessant für Kunden, die sich die Produkte nur mit großer Anstrengung anschaffen können, so wie die junge Frau aus der Zeitschrift meiner Großmutter. Für Menschen mit normalem Einkommen erfüllen Luxusartikel zwei Funktionen: Einerseits hoffen die Interessenten durch den Erwerb eines teuren Artikels die Zugehörigkeit zu einer höheren sozialen Schicht zu erlangen, andererseits bieten Luxusartikel eine Projektion für Träume und Ziele. Solche Ziele können wir nur unter großen Anstrengungen oder durch großen Verzicht erreichen. Träume hingegen eignen sich für die Projektion von Unerreichbarem. Wir alle haben unsere persönliche Utopie, unsere Sehnsucht nach einem perfekten Leben. Unerreichbare Dinge erleichtern tatsächlich das Leben, indem sie uns als Richtung dienen. Wie ein Navigator, der den Nordstern anpeilt, um die Richtung zu finden, den Stern selbst aber niemals erreichen kann. Luxusmarken befeuern unsere Träume, an ihnen können wir unsere Sehnsucht ausrichten.

Verhaltenspsychologische Studien zeigen, dass ein Großteil der Menschen, die Luxusgüter kaufen, sich diese eigentlich nicht leisten können. Gleichzeitig beobachten wir in der ganzen westlichen Welt eine wachsende Verschuldung von privaten Haushalten. Während eine gute Handtasche für rund 100 Euro erhältlich ist, entscheiden sich manche Menschen dafür, Tausende Euro für eine Handtasche einer Luxusmarke auszugeben, die die gleiche Funktion erfüllt und in vergleichbarer Qualität hergestellt wurde. Manche sind überzeugt, dass die teuren Modelle eine höhere Qualität besitzen. Andere wiederum sehen Luxusgüter als Wertanlage, mittlerweile gibt es sogar Investmentfonds, die diesen Markt abbilden.

Luxusgüter, beziehungsweise deren Erwerb, können unser Selbstwertgefühl beeinflussen, gerade wenn wir uns die Kosten für die Anschaffung nicht ohne Weiteres leisten können. Bei manchen Menschen kann ein Luxusgut dazu beitragen, ein Zugehörigkeitsgefühl zu einer bestimmten Gesellschaftsschicht zu vermitteln und so zumindest gefühlt einen höheren Status zu erreichen. Ein weiterer Grund, warum Menschen Luxusartikel kaufen, ist das damit verbundene Erfolgserlebnis. Manche Menschen möchten sich für ihre harte Arbeit belohnen, indem sie sich etwas Außergewöhnliches gönnen, und halten so eine sichtbare Trophäe ihres Erfolgs in Händen. Um einen Gedanken des slowenischen Philosophen Slavoj Žižek abzuwandeln: Marken sind nicht das Objekt unserer Begierde. Sie lehren uns, was wir begehren sollen.

Cornelia wusste ihr ganzes Leben lang, dass ihr die Möglichkeit, Karriere zu machen, besonders wichtig sein würde. Sie hatte nie eine Familie gegründet und ihr ganzes Leben spielte sich rund um die Arbeit ab. Berufliche Erfolge und ein hohes Einkommen spornten Cornelia nur noch weiter zu hohem Einsatz an.

In den Urlaubstagen, die ihr als Managerin eines Industriekonzerns zustanden, hielt sie Seminare, für die sie sich gut bezahlen ließ. Cornelia war eine erfolgreiche Frau mit einem hohen Einkommen. Was sie nicht hatte, war Zeit. Hin und wieder, nach einem wichtigen Termin in der Innenstadt, schlenderte sie über die Einkaufsstraße, wo sich die Geschäfte der großen Marken aneinanderreihten.

Sie hatte noch eine halbe Stunde bis zu ihrem nächsten Termin und war bereit für einen spontanen Einkauf. Taschen bieten den großen Vorteil, dass sie nicht anprobiert werden müssen, die bekanntesten Modelle waren ihr zudem vertraut. Cornelia war entschlossen, sich zu belohnen. Sie entschied sich für eine zeitlose schwarze Clutch von Bottega Veneta. Der Kauf nahm nicht mehr als 15 Minuten in Anspruch und Cornelia würde pünktlich zu ihrem nächsten Termin kommen. Die dreieinhalbtausend Euro bezahlte sie mit einem kurzen Wink mit ihrer American Express Platinum, ihr Konto bemerkte den Abgang so gut wie gar nicht. Cornelia hatte ein gutes Gefühl. Es war eine angemessene Belohnung für ihren unermüdlichen Arbeitseinsatz in diesem Monat.

Cornelia ist kein Einzelfall. In vielen Fällen fungieren Luxusartikel als Belohnung für die eigene Leistung. Sie machen den abstrakten Erfolg der eigenen Arbeit sinnlich erlebbar und fungieren zudem als sichtbare Trophäe des Erreichten. Erfolgsorientierte Menschen gönnen sich gern solche Trophäen, mitunter arbeiten sie sogar gezielt auf den Erwerb hin, um ihren Zielen eine konkrete Form zu geben. Dieser Effekt wird von einem kleinen Teil unseres Gehirns möglich gemacht, dem sogenannten Belohnungszentrum. Seine Aktivität sorgt dafür, dass wir bei teuren Anschaffungen ein Wohlgefühl erleben.

Marken und andere Fälschungen

Erinnern Sie sich an Marita und ihre Armbanduhr? Das Ladenpersonal konnte in diesem Fall nicht beurteilen, ob die Uhr ein Original oder eine Fälschung war. Aber woher wissen wir, dass die Handtasche in der Vitrine echt ist und die am Strand eine Fälschung, wenn wir keinen Unterschied erkennen? Da uns meist die Möglichkeit fehlt, diese Unterscheidung zu treffen, nutzen wir ein anderes Verfahren. Wir bewerten nicht das Objekt, sondern den Rahmen.

Als ich ein Kind war, hing in der Wohnung unserer Nachbarin ein Bild, das den Feldhasen von Albrecht Dürer zeigte. Diese wahrscheinlich bekannteste Naturstudie Dürers hing damals in vielen Wohnungen, bei der Nachbarin hing sie im Flur, stets hinter Glas und eingefasst von einem schmalen goldenen Rahmen. Mir war der Dürer-Hase vertraut, lange bevor ich wusste, wer Albrecht Dürer war. Nicht bewusst war mir, dass ein fast 500 Jahre altes Original zu diesem Hasen existierte, und zwar unweit von zu Hause in der Wiener Albertina, wo es aufgrund seiner Lichtempfindlichkeit nur alle paar Jahre ausgestellt wird.

Wenn ich jetzt frage, welches der beiden Bilder das Original ist und welches die Kopie, dann würden Sie ohne Zögern sagen, das beim Nachbarn im Flur sei die Kopie und das in der Ausstellung das wertvolle Original. Aber wie kämen Sie zu dieser Einschätzung? Würden Sie dazu die Farbpigmente oder das Alter des Papiers überprüfen? Oder würden Sie Ihr Urteil anhand des Rahmens treffen, in dem sich das Bild befindet? Wir bewerten ein Objekt meist ausschließlich aufgrund seines Kontexts. Wenn jemand auf die Idee käme, das Bild aus dem Flur unserer Nachbarin in den Ausstellungshallen der Albertina zu präsentieren, wer würde jemals den Unterschied bemerken?

Bei der Beurteilung von Dingen spielt der Rahmen, in dem sie präsentiert werden, meist eine größere Rolle als der eigentliche Inhalt. Diese Erkenntnis, die oft als „Framing-Effekt“ bezeichnet wird, verdeutlicht, dass die Art und Weise, wie Informationen präsentiert werden, unsere Wahrnehmung und unser Urteil maßgeblich beeinflusst. Da uns meist die Möglichkeiten fehlen, den Inhalt zu beurteilen, ziehen wir die

Umgebung als Grundlage für unsere Bewertung heran.

Der mit einem Grammy ausgezeichnete Geiger Joshua Bell ist einer der berühmtesten Musiker unserer Zeit. Im Jahr 2007 entschloss er sich zu einem Experiment der besonderen Art: Einen Tag vor seinem Konzert im John F. Kennedy Center in Washington D. C. stellte sich Bell mitten in der morgendlichen Hauptverkehrszeit mit Baseball-Kappe und seiner wertvollen Stradivari am Eingang der U-Bahn L'Enfant Plaza im Stadtzentrum auf. Dort spielte er 43 Minuten als Straßenmusikant Stücke von Bach, Schubert und Ponce. Noch vor dem Experiment wurde der Dirigent Leonard Slatkin zu seinen Vorhersagen befragt. Er glaubte, dass von 1.000 Menschen 35 oder 40 die Qualität des Geigers erkennen würden. Tatsächlich „verdiente" Bell in dieser Dreiviertelstunde als Straßenmusikant nicht mehr als 32,17 Dollar. Unter den 1.070 Passanten erkannte ihn nur ein einziger. Am nächsten Tag hatte Bell seinen Auftritt im ausverkauften John F. Kennedy Center for the Performing Arts, wo die Tickets etwa 300 Dollar kosteten.

Nicht einmal Experten erkannten den Stargeiger

Der deutsche Geiger David Garrett ging noch einen Schritt weiter. Als Wunderkind gefeiert, war er mit 13 Jahren der jüngste Musiker, der jemals einen Vertrag bei der Deutschen Grammophon erhielt. Yehudi Menuhin bezeichnete ihn gar als „größten Geiger seiner Generation". Im Jahr 2008 bewarb sich Garrett unter falschem Namen für ein Probespiel bei den Berliner Philharmonikern, zu dem er mit aufgeklebtem Bart und Brille verkleidet vor einer hochkarätigen Kommission erschien. Nach dem Vorspiel bescheinigte ihm der musikalische Leiter zwar Talent, doch für ein so renommiertes Orchester würden seine Fähigkeiten nicht reichen. Nach Meinung der

Experten spielte er zu schnell und würde es zudem mit dem Vibrato übertreiben. Jedoch mit viel Übung, so urteilte die Jury abschließend, könnte er in einigen Jahren durchaus etwas aus sich machen. Es war dieselbe Kommission, die bereits Monate zuvor einen hoch dotierten Vertrag mit Garretts Management für zwei Konzerte mit ihm als Solisten abgeschlossen hatte.

Der Framing-Effekt täuscht nicht nur Konsumenten, sondern oft sogar Experten. Anstatt auf die Qualität des Produkts zu achten, urteilen wir über den Rahmen, in dem es dargeboten wird.

Im Jahr 2005 kaufte der Kunsthändler Alexander Parish bei einer Nachlassauktion ein Bild, von dem er meinte, es könnte sich um das sagenumwobene Gemälde „Salvator Mundi" von Leonardo da Vinci handeln. Nach der „Mona Lisa", die Leonardo am Höhepunkt der italienischen Renaissance Anfang des 16. Jahrhunderts schuf, könnte der Salvator Mundi das zweitwichtigste Werk des großen Künstlers sein. Lange Zeit konnte allerdings niemand mit Sicherheit sagen, wo der Salvator Mundi war, noch, ob er je existiert hatte.

Es rankten sich viele Legenden um die Entstehung und den Verbleib dieses Gemäldes. Salvator Mundi, lateinisch für „Erlöser der Welt ", sollte Christus als Heiland der Welt zeigen, die rechte Hand zur segnenden Geste erhoben, während er in seiner linken Hand eine Kristallkugel trägt. Alexander Parish entdeckte das Bild auf der Website eines Auktionshauses in New Orleans. Es war amateurhaft übermalt worden, hatte aber dennoch Ähnlichkeiten mit den Beschreibungen, die über das legendäre Meisterwerk kursierten. Parish ersteigerte das Bild um lediglich 1.175 Dollar. Die folgenden Untersuchungen zeigten, dass das Gemälde tatsächlich 500 Jahre alt war. Aber war es ein echter Leonardo? Der Malstil zeigte ein deutliches

Sfumato, eine Technik, für die Leonardo bekannt war. Bei dieser Technik, die übersetzt „verraucht“ bedeutet, stellte der Maler die Konturen der abgebildeten Person nicht mit klaren Umrissen, sondern als weich und verschwommen dar. Diese Methode verleiht dem Gemälde eine rauchige Ästhetik, als würden die Figuren in einem nebligen Dunst stehen. Leonardo da Vinci gilt als Erfinder dieser Technik.

In einem schwarzen Müllbeutel brachte Parish das Gemälde zur bekannten Restauratorin Dianne Modestini und beauftragte sie mit der Restaurierung. Sie sollte die im Nachhinein aufgebrachte Malerei entfernen und den Originalzustand des Gemäldes wiederherstellen. Da nicht alle Teile erhalten waren, ergänzte Dianne Modestini das Bild nach eigenem Ermessen in dem für Leonardo typischen Stil. Erst jetzt zeigte Parish das Gemälde der Fachwelt, die sich nur darin einig war, dass es Modestini mit der Restaurierung ordentlich übertrieben hatte. Immerhin stammten 80 Prozent des Gemäldes von der Restauratorin und eine seriöse Beurteilung war nicht mehr möglich. Experten blieben skeptisch, weder Sammler noch Museen glaubten an die Echtheit des Werkes. Die Medien fragten scherzend, warum niemand eine „echte Modestini“ kaufen wollte.

Der Eigentümer entschied, das renommierte Auktionshaus Christie's mit der Versteigerung des Salvator Mundi zu beauftragen. Die Marketing-Strategie, die das Auktionshaus ersann, um das Gemälde zu bewerben, sollte sich als Geniestreich entpuppen. Christie's baute einen eigenen Ausstellungsraum, in dem ausschließlich die „männliche Mona Lisa“ gezeigt wurde, wie sie den Salvator Mundi in den Presseaussendungen selbstbewusst nannten. Man hatte dafür gesorgt, dass immer eine Besucherschlange vor dem Rockefeller Center stand, dem Sitz von Christie‘s in New York. Das Gemälde wurde vor der Pressekonferenz von glänzenden Metalltüren verdeckt, die sich jetzt in einem dramatischen Akt öffneten. Niemals zuvor war ein Auktionslos derart pompös inszeniert worden.

Im Ausstellungsraum wurde eine unsichtbare Kamera direkt neben dem Gemälde installiert, um die Reaktionen der Besucher beim Betrachten des Kunstwerks aufzuzeichnen. Auf dem Film sieht man, wie unterschiedliche Menschen das Bildnis andächtig betrachten, manche beten, andere weinen. Der Film wurde auf vier Minuten zusammengeschnitten, mit andächtiger Musik unterlegt und um die Welt geschickt. Das Werbevideo verzichtete bewusst darauf, das Gemälde selbst zu zeigen, um die Gesichter der Zuschauer in den Fokus zu rücken, darunter das von Leonardo DiCaprio. Auf YouTube ist das Video unter dem Titel „The Last da Vinci: The World is Watching“ zu sehen. Diese pompöse Inszenierung des Salvator Mundi als größtes Kunstwerk aller Zeiten versprach dem zukünftigen Besitzer eine ultimative Trophäe, die ihm zu Macht und Prestige verhelfen würde.

Am 15. November 2017 wurde das Bild, von dem alle Fachleute sagten, dass es nicht von Leonardo da Vinci stammte, um 400 Millionen Dollar vom Saudischen Prinzen Mohammed Bin Salman ersteigert. Es ist damit das teuerste Gemälde, das jemals bei einer Versteigerung gekauft wurde.

Dieses Prinzip machte sich der US-amerikanische Schuh-Discounter Payless für einen PR-Gag zunutze. Payless verkauft Schuhe im unteren Preissegment, wie der Name nahelegt. Im Jahr 2018 dachte sich die Marketing-Abteilung ein Marketingkonzept der besonderen Art aus. In einer teuren Gegend in Los Angeles mietete das Unternehmen ein kleines Geschäftslokal an und gab vor, einen Pop-up-Store für italienische Luxusschuhe zu eröffnen. Bei der Einrichtung orientierte man sich an den gehobenen Boutiquen der Umgebung, die

Schuhe wurden wie Kunstobjekte auf Podeste gestellt und von Spots in elegantes Licht getaucht. Auf das Portal des Geschäfts war in goldenen Lettern der Namen „Palessi" zu lesen, ein Wortspiel mit dem Firmennamen Payless.

Zur Eröffnung lud man die wichtigsten Modejournalisten, Influencer und Fashionistas. Ein Kamerateam filmte die Interviews mit den geladenen Gästen. Diese konnten sich bei einem Glas Champagner vor Begeisterung nicht mehr halten, sie lobten die außergewöhnlichen Entwürfe und die nie dagewesene Qualität der unverschämt teuren Schuhe. Am Ende des Abends jedoch enthüllten die Gastgeber den Schwindel. Die Kameras liefen noch, als man den peinlich berührten Gästen eröffnete, dass sie in Wahrheit die 20-Dollar-Schuhe aus der Wühlkiste von Payless in Händen hielten.

Wann immer wir ein Objekt bewerten, der Rahmen spielt bei unserem Urteil oft eine größere Rolle als der Inhalt. Selbst Fachleute ziehen zur Beurteilung der Qualität oft nur das Etikett als Messlatte heran. Wer den Rahmen kontrolliert, der lenkt auch unser Urteilsvermögen. Unser Gehirn entpuppt sich dabei als bereitwilliger Komplize.

In vielen Urlaubsorten und auch im Internet stößt man auf ein riesiges Angebot an gefälschten oder nachgeahmten Produkten. Produktfälschungen sind Kopien von Originalprodukten. Dabei reicht das Spektrum von billigen Fälschungen, die man sofort als solche erkennt, bis hin zu hochwertigen Nachbildungen, die oft selbst von Experten nicht mehr als solche zu erkennen sind. Die Hersteller der Originalprodukte registrieren diese als Marke oder als Gebrauchsmuster, um ihre Investitionen in die Entwicklung, Bewerbung und Vermarktung des Produkts vor Nachahmern zu schützen. Auf vernetzten, globalen Märkten ist dieser Schutz allerdings nicht immer wirksam. Das zeigen die wachsende Zahl an gefälschten Gütern einerseits und die zunehmende Bereitschaft der Konsumenten, nachgemachte Produkte zu erwerben, andererseits.

Eine Studie der Europäischen Agentur für geistiges Eigentum (EUIPO) ermittelte, dass gefälschte Waren erhebliche wirtschaftliche Schäden für europäische Hersteller verursachen. Laut dieser Studie würden sich die Umsatzverluste auf etwa 16 Milliarden Euro pro Jahr belaufen. Damit gingen in der EU geschätzte 200.000 Arbeitsplätze verloren, davon 40.000 allein in Deutschland. Am meisten betroffen ist der Bekleidungssektor. Aber warum greifen Konsumenten überhaupt zu gefälschten Markenprodukten? Der Hauptgrund ist natürlich, dass der Preis für das Originalprodukt als zu hoch empfunden wird. Die Studie der EUIPO ergab, dass ein Drittel der Europäer kein Problem damit hat, gefälschte Produkte zu kaufen, wenn der Originalpreis sehr hoch ist. Bei jüngeren Menschen ist der Anteil noch höher: Unter ihnen würde die Hälfte der Befragten gefälschte Produkte kaufen. Die EUIPO empfahl daher, verstärkt Maßnahmen gegen Markenfälschungen zu ergreifen, um die Wirtschaft und die Verbraucher zu schützen.

Im Zusammenhang mit diesen Empfehlungen stellen sich mehrere Fragen, die von Studien wie dieser in der Regel nicht behandelt werden. Wovor müssen Verbraucher geschützt werden, wenn sie sich bewusst für ein gefälschtes Produkt entscheiden? Welcher Nachteil entsteht ihnen? Die Studie umfasst auch Kosmetika und Arzneimittel. Ein gefälschtes Medikament beinhaltet unter Umständen nicht dieselben Wirkstoffe, deren Herstellung mitunter kostspielig ist. Das Medikament kann damit unwirksam sein oder sogar gesundheitliche Schäden hervorrufen. Kopiertes Kinderspielzeug kann Weichmacher oder karzinogene Chemikalien enthalten, die eine Gefahr für die Gesundheit unserer Kinder darstellen. Bei

Luxusartikeln sieht der Fall anders aus. Sofern den Verbrauchern klar ist, dass es sich nicht um das Original, sondern um ein Replikat handelt, werden sie dann betrogen? Müssen sie in so einem Fall vom Gesetzgeber geschützt werden? Oder ist der Schutz der Verbraucher nur ein vorgeschobenes Argument, um die Produzenten zu schützen?

LVMH ist weltweit das größte Unternehmen in der Luxusgüterindustrie und besitzt 75 verschiedene Luxusmarken, darunter Louis Vuitton, Givenchy, Céline, Kenzo, Bulgari, Tiffany & Co, Moët & Chandon und viele andere. LVMH erzielte zuletzt einen Jahresumsatz von 80 Milliarden Euro. Schaden Produktfälschungen, die im Internet und in Urlaubsländern auf den Bazaren angeboten werden, solchen Konzernen tatsächlich? Argumentiert wird, dass den europäischen Herstellern Umsatzverluste entstehen. Nehmen wir an, Frau Sommer, eine Angestellte eines Lebensmittelkonzerns, kauft in ihrem Urlaub am Strand von Riccione eine gefälschte Louis-Vuitton-Tasche um 40 Euro, dann entginge dem französischen Unternehmen ein Umsatz von etwa 2.000 Euro. So weit die Berechnung. Nicht berücksichtigt wird in dieser Kalkulation, dass Frau Sommer das Original um 2.000 Euro wahrscheinlich niemals kaufen würde, da es ihre finanziellen Möglichkeiten übersteigt. Nehmen wir an, dass vier von fünf Käufern solcher Kopien das Original niemals kaufen würden, dann müssten wir die Zahlen entgangener Umsätze und verlorener Arbeitsplätze um 80 Prozent reduzieren.

Das Fälschen von Produkten und der Verkauf von Imitaten sind in Europa illegal und werden zumindest für die Händler mit Strafen bedroht. Urheberrecht und Gebrauchsmusterschutz haben nicht nur einen wirtschaftlichen Sinn, sie spiegeln auch eine Überzeugung unserer westlichen Zivilisation wider, derzufolge der Mensch – und damit auch ein

Unternehmen – Urheber eines einzigartigen und unnachahmlichen Werks ist, das für immer mit seinem Schöpfer verbunden bleibt: die Mona Lisa mit Leonardo, Faust mit Goethe, die Daytona mit Rolex und die Birkin Bag mit Hermès.

Die gefälschte Tasche wurde anstandslos repariert

Viele Replikate sind heute kaum mehr vom Original zu unterscheiden. Selbst in den Markenstores haben die Mitarbeiter Schwierigkeiten, Fälschungen vom Original zu unterscheiden, wie wir bei Marita gesehen haben, die ihre Cartier-Uhr zur Reparatur bringen wollte. Umgekehrt habe ich Geschichten gehört, dass gefälschte Taschen vom Originalhersteller anstandslos instand gesetzt wurden. Die meisten Menschen verzichten allerdings auf gefälschte Luxusgüter, selbst wenn die Kopie identisch aussieht. Eine Studie der Yale University zeigt, dass dies mit unserem starken Wunsch nach Authentizität zu tun hat. Wir erinnern uns an das Kauferlebnis, und dieses ist mit starken Gefühlen verbunden. Dieser sentimentale Wert eines echten Luxusartikels ist für viele Menschen unersetzlich. Eine Kopie würde nicht dasselbe Gefühl der Belohnung erzeugen.

Luxus für alle

Eine Gruppe, die in der Forschung lange übersehen wurde, ist die Generation Z. Der Begriff hat sich als Bezeichnung für junge Menschen eingebürgert, die zwischen den Jahren 1995 und 2010 geboren wurden. Die Generation Z ist eine aufstrebende Generation, über deren Kaufkraft und Konsumverhalten man lange nichts wusste. Ein hochwertig hergestelltes Produkt galt lange als die Grundvoraussetzung des traditionellen Luxus. Für jüngere Verbraucher ist das weit weniger wichtig als für frühere Generationen. Viele Konsumenten der Generation Z wünschen sich vielmehr einen interaktiven Ansatz und personalisierte Produkte, die auf eine einzigartige und authentische Markengeschichte verweisen. Die modernen Verbraucher suchen nicht das Produkt selbst, sondern ein transzendentes Erlebnis.

Eine Studie aus dem Jahr 2021 sollte beleuchten, welches Verhältnis diese jungen Menschen zu Marken, insbesondere zu Luxusmarken haben. Die Ergebnisse zeigen, dass die Generation Z zwar an Luxusartikeln interessiert ist, andererseits aber nicht mehr so klar zwischen dem Luxus-Segment und sogenanntem „Masstige“ unterscheidet. Hierbei handelt es sich um ein Kunstwort aus „Masse“ und „Prestige“. Es bezeichnet jene Produkte, die deutlich erschwinglicher sind als Luxusgüter, aber dennoch den Eindruck von Exklusivität erwecken.

Die Autoren dieser Studie meinten erkannt zu haben, dass die Beziehungen der Generation Z zu Luxusmarken keine wirklichen „Liebesbeziehungen“ sind. Junge Leute entwickeln zwar ein gewisses Maß an Interesse für Luxusmarken, aber offenbar keine leidenschaftlichen Gefühle. Für die Generation Z fungieren Luxusmarken demnach nicht mehr als Statussymbol oder als Zeichen für Erfolg, wie das für frühere Generationen üblich war, sondern als integraler Bestandteil ihres alltäglichen Lebensstils.

Haben Sie schon von „Dupes“ gehört? Insbesondere junge Konsumenten mit geringerem Budget neigen aufgrund steigender Preise bei Luxusartikeln dazu, imitierte Produkte zu kaufen, die sie als „Dupes“ bezeichnen. Kleidung, Accessoires und Schuhe sind beliebte Kategorien von Dupes. Auf Plattformen wie TikTok erhalten Beiträge mit dem Hashtag #dupes Milliarden von Aufrufen. Ökonomische Faktoren wie steigende Lebenshaltungskosten und Inflation treiben diesen Trend voran. Die junge Generation bevorzugt vermehrt günstigere Alternativen und präsentiert stolz ihre Fälschungen in Sozialen Medien. Auf TikTok findet man nicht nur ausführliche Rezensionen von Luxusfälschungen, sondern auch Tipps, wo man die besten Replikate findet und wie man Probleme mit dem Zoll vermeidet.

Wenn junge Generationen auf TikTok Produkte zur Schau stellen, die zwar keine Fälschungen sind, aber dennoch wesentlich teurer wirken, als sie tatsächlich sind, dann ist die Rede von „Frugal Flexing“. Einerseits steigt der Wunsch nach Luxus bei der jüngeren Generation stark an, andererseits verfügt sie nicht über die Kaufkraft, die eigentlich die Grundvoraussetzung für Luxus ist. Der Druck, den Influencer und Soziale Medien ausüben, verleitet junge Menschen dazu, im Netz den Anschein der Verwendung von High-end-Produkten zu erwecken. Die Unterscheidung zwischen Nachahmungen und Fälschungen ist dabei unscharf. Dieser Trend ist wahrscheinlich erst am Anfang, denn die Illusion eines luxuriösen Lebensstils wird täglich auf Plattformen wie Instagram und TikTok vorangetrieben. Der größte Boom für Luxusartikel wird in Asien erwartet. Allein Konsumenten aus China könnten bis 2030 sagenhafte 40 Prozent am weltweiten Absatz von Luxusgütern für sich verbuchen, gefolgt von Japan und Thailand. Auch hier boomt das Geschäft mit dem Luxus.

Marken verkörpern die Utopie eines besseren Lebens, an ihnen können wir Träume festmachen. Sehnsucht ist ein Ort, an dem unser Leben perfekt ist. Was wäre besser geeignet, um unsere Sehnsucht anzuregen, als Marken und ihre perfekt inszenierte Welt?

MANIPULATION

„Ich werde ihm ein Angebot machen, das er nicht ablehnen kann."

—Marlon Brando in „Der Pate", 1972

Wie uns die Natur Hinterlist und Täuschung lehrt, wieso alle Kopfhörer weiß sind und wieso wir besitzen wollen, was wir einmal berührt haben

In den Tiefen des Ozeans lebt ein Fisch namens „Himmelsgucker". Die Umweltbedingungen am Meeresgrund sind über Jahrmillionen unverändert geblieben, sodass die Tiere, die hier leben, noch genauso aussehen wie ihre Vorfahren aus dem Paläozoikum. Der Himmelsgucker mit seinem vierschrötigen Kopf und dem Nasensack ist eines von ihnen. Er lauert auf seine Beute, indem er sich mit schaufelnden Bewegungen im sandigen Meeresboden vergräbt, sodass nur noch die Augen an der Oberseite des Kopfes herausschauen. Damit ist er für die anderen Meeresbewohner praktisch unsichtbar. Aus seinem Maul hängt ein Hautfortsatz als exakte Nachbildung eines Wurms, der eine beliebte Nahrung für andere Tiere ist. Mit dieser Attrappe lockt der Himmelsgucker jetzt einen kleinen Krebs an, der sich eine nahrhafte Mahlzeit verspricht. Kaum hat der Krebs den Köder erreicht, reißt der Himmelsgucker blitzartig das Maul auf und verschlingt den Krebs. Statt seine Beute auf ehrliche Weise zu jagen, wendet dieser Fisch eine heimtückische Kombination aus List und Täuschung an, um seine Opfer in die Falle zu locken.

Oft meinen wir, dass allein der Mensch zu Lüge und Täuschung fähig sei. Tatsächlich finden wir im Reich der Tiere und sogar in der Welt der Pflanzen mannigfaltige Arten der Manipulation, sodass sie eher die Regel als die Ausnahme darstellen. In der Natur, wo der Kampf ums Überleben allgegenwärtig ist, haben Organismen die Kunst der Täuschung perfektioniert. Die Fangschrecke tarnt sich als Pflanze und wartet in dieser Gestalt regungslos auf ihre Beute. Ihre Vorderbeine sehen aus wie Blätter, und sobald ein argloses Insekt vorbeifliegt, schnellt sie blitzschnell hervor und schnappt sich die Beute. Einige Orchideenarten imitieren Gerüche und Aussehen von weiblichen Insekten, um männliche Bestäuber anzulocken. Diese nehmen Pollen auf und tragen sie zur nächsten Blüte, wo die Täuschung von vorne beginnt. Diese Blumen manipulieren Insekten, um ihre Fortpflanzung zu sichern. Der Kuckuck hat eine Überlebensstrategie entwickelt, die auf Betrug und Täuschung basiert. Statt selbst ein Nest zu bauen und die Eier auszubrüten, legt das Kuckucksweibchen seine Eier in die Nester anderer Vögel. Diese brüten dann arglos die Eier aus und ziehen die Kuckucksküken groß, als wären es die eigenen.

Unsere Kinder erwerben die Fähigkeit zu lügen erst im vierten Lebensjahr. Doch mittlerweile ist erforscht, dass Babys von den ersten Tagen ihres Lebens an Techniken entwickeln, um ihre Eltern zu manipulieren. Da sie selbst nicht für sich sorgen können, ist dies auch notwendig, damit die Eltern ihre grundlegenden Bedürfnisse erfüllen. Säuglinge entdecken früh die Macht ihres Blickes. Indem sie ihre großen Augen auf die Eltern richten, erzeugen Babys eine besondere Verbindung und wecken so die Fürsorglichkeit. Diese subtile Form der Manipulation ist besonders wirkungsvoll, da die Eltern ihrerseits instinktiv auf den Blickkontakt ihres Kindes reagieren. Und sobald Babys die Macht ihres Lächelns entdeckt haben, beginnen sie diese auch gezielt einzusetzen. Die positive Verstärkung der ersten Erfolge ermutigt sie, ihre Manipulationsfähigkeiten weiter zu verfeinern. Es ist ein natürlicher Mechanismus, der dazu dient, die Umgebung zu beeinflussen und die eigenen Überlebenschancen zu maximieren.

Die Natur erscheint uns oft als Zufluchtsort vor der Hinterlist der Menschen, doch bei näherer Betrachtung ist sie eine Sphäre des Betrugs und der Manipulation, in der jede Art ihre einzigartige Strategie entwickelt hat, um zu überleben. Die Fähigkeit zur Manipulation ist also keine typisch menschliche Eigenart, sondern ein universeller Überlebensmechanismus der Natur. Dennoch stoßen wir uns an dem Konzept. Auf unserer moralischen Leiter rangiert Manipulation weit unten, obwohl oder gerade weil sie ein Grundprinzip allen Lebens ist. Wir erwarten von unseren Mitmenschen, dass sie über ihre Natur hinauswachsen und sich besser verhalten als der Himmelsgucker. Dennoch, jeder von uns trachtet tagtäglich danach, die Handlungen unserer Mitmenschen zu unseren Gunsten zu beeinflussen.

Auch Unternehmen haben in den letzten Jahrzehnten erkannt, welchen enormen Einfluss die Marke auf das Kaufverhalten der Konsumenten hat und wie man die Entscheidungen der Menschen mithilfe verschiedener Methoden beeinflussen kann. Aber wo endet der Einfluss und wo beginnt die Manipulation?

Und immer lockt die Marke

Große Marken nutzen verschiedene Techniken, um die Meinungen, Gefühle und Handlungen der Konsumenten zu beeinflussen. Das Online-Portal Airbnb nutzt in seiner „Belong Anywhere"-Kampagne effektives Storytelling, um emotionale Bindungen zu potenziellen Kunden aufzubauen. Unternehmen setzen auch auf Emotional Branding, um die Markentreue zu steigern, indem sie die Emotionen der Verbraucher ansprechen. Verknappung und Angst werden genutzt, um das Käuferverhalten zu beeinflussen, indem die Angst, etwas zu verpassen, geschürt wird und zeitlich begrenzte Angebote gemacht werden. Dieser Effekt wird als „Fear of missing out" oder kurz FOMO bezeichnet. Der Bandwagon-Effekt nutzt den Wunsch der Menschen, Trends zu folgen, um den Eindruck zu erwecken, dass eine Marke beliebt und anerkannt ist. Große Marken wie Apple nutzen zum Beispiel den Besitztumseffekt, um unser Kaufverhalten zu beeinflussen. Dieses Phänomen ist mir nur allzu bekannt, wie folgende Geschichte illustriert.

Es war wieder einmal so weit. Ich habe schon zu lange das Vorhaben aufgeschoben, meinen Kleiderschrank auszumisten. Immer wieder einmal schaffe ich mir eine neue Hose an, ohne die alten Sachen wegzugeben. Meine wunderbare Ehefrau Jasmin überrascht mich gern mit einer Weste oder einem Hemd, denn sie weiß genau, was mir passt, und außerdem liebt sie es, zu schenken. Die Anschaffungen fallen mir leicht, allerdings bin ich schlecht darin, Dinge auszusortieren. Ein altes T-Shirt mit dem Aufdruck „Surf Shack 1965", von dessen Existenz ich keine Ahnung mehr hatte, wird augenblicklich zum wertvollsten Ding auf der Welt. Vor meinem Auge entspinnen sich sofort tausend Möglichkeiten, wann und wo ich es tragen könnte und welch schöne Stunden es mir bescheren würde. Mein Einfallsreichtum kennt keine Grenzen, sobald ich etwas in Händen halte, das es wegzuwerfen gilt. Ich beschließe daher, es vorerst aufzuheben. Es landet wieder in der Kiste und wird auch dort bleiben, bis ich in ein paar Monaten wieder einmal ausmiste.

Richard Thaler ist Professor für Wirtschaftswissenschaften an der University of Chicago. Er hat ein Phänomen untersucht, das er den Besitztumseffekt, auf Englisch „Endowment-Effekt", nannte. Um dieses Phänomen zu illustrieren, erzählte Thale die folgende Geschichte: „Herr R. kaufte Ende der 1950er-Jahre eine Kiste guten Weins für etwa 5 Dollar pro Flasche. Einige Jahre später bot sein Weinhändler an, den Wein für 100 Dollar pro Flasche zurückzukaufen, also zwanzigmal mehr als er ursprünglich gezahlt hatte. Dennoch weigerte sich Herr R.“ Der Psychologe Daniel Kahneman hat im Jahr 1990 ein einfaches Experiment zur Überprüfung des Besitztumseffekts durchgeführt. Dazu bildete er zwei Gruppen. Die erste Gruppe nannte er die „Verkäufer“. Er gab den Teilnehmern dieser Gruppe einfache Tassen und fragte, welchen Preis sie verlangen würden. Die Teilnehmer der zweiten Gruppe waren die „Käufer“. Sie wurden gefragt, welchen Preis sie bereit wären zu zahlen, um die Tasse zu bekommen. Der Durchschnittspreis in der Verkaufsgruppe betrug 7,12 Dollar, während der Preis in der Kaufgruppe lediglich 2,87 Dollar betrug.

Der Besitztumseffekt beschreibt die Neigung der Menschen, den Wert von Dingen, die sie bereits besitzen, höher einzuschätzen als vergleichbare Dinge, die sie noch nicht besitzen. Viele theoretische Erklärungen für den Besitztumseffekt wurden seither diskutiert. Kahneman vertrat stets die Idee, dass Menschen von Natur aus Angst vor Verlust haben, was dazu führe, dass der eigene Besitz vom Gefühl her höher bewertet werde. Große Marken setzen den Besitztumseffekt ein, um uns zum Kauf ihrer Produkte zu bewegen. Auch hier erweist sich der kalifornische Technologie-Riese Apple als Vorreiter, er revolutionierte die Art und Weise, wie Menschen einkaufen. Keine andere Einzelhandelskette hat einen annähernd gleich hohen Umsatz pro Quadratmeter.

Ein Schlüsselfaktor dafür ist das besondere Design der Apple Stores. In diesen Tempeln aus Glas, Holz und Stein kommt der Besitztumseffekt gleich mehrfach zum Einsatz. Der Besucher wird ermutigt, möglichst viel Zeit im Store zu verbringen und die Produkte auszuprobieren. Je länger ein Kunde das Produkt in der Hand hält, desto mehr entsteht das Gefühl, dass es bereits ihm gehört, und desto unangenehmer wird es, das Produkt wieder herzugeben. Dazu werden die Artikel offen und angreifbar präsentiert. Bleiben in herkömmlichen Geschäften die Geräte bis zum Kauf in der Verpackung, so können die Kunden bei Apple alle Produkte ausprobieren. Die Verkäufer werden dahingehend geschult, den Besuchern unbegrenzt Zeit zum Probieren zu geben, sie treten lediglich als Helfer auf und drängen die Kunden nie zum Kauf.

So ist gewährleistet, dass die potenziellen Käufer so lange mit dem neuen iPad, iPhone oder iMac spielen, bis sich das Gefühl einstellt, es würde bereits ihnen gehören. Wissenschaftler haben herausgefunden, dass das Berühren der Produkte dabei eine sehr große Rolle spielt. In Versuchen wurde nachgewiesen, dass Kunden, die ein Produkt berührt hatten, bereit waren, einen höheren Preis zu bezahlen im Vergleich zu jenen, die dasselbe Produkt nicht berühren durften. Die Berührung erzeugt dabei eine Vorstufe zum Besitzgefühl und führt so zu einer höheren Kaufwahrscheinlichkeit.

Letztes Jahr besuchte ich das Ärztezentrum in unserer Nähe. Die Ärztin, der ich zugeteilt wurde, war ausgesprochen freundlich und unterhielt sich ausführlich mit mir, bevor es an die Untersuchung ging. Als ich nach Hause zurückkehrte, berichtete ich Jasmin, dass ich bei einer sehr guten Ärztin gewesen sei. Ich schloss dies lediglich daraus, dass sie höflich und aufmerksam war. Wie sollte ich nach so kurzer Zeit beurteilen, ob jemand ein guter Arzt ist oder nicht? Ich bewertete stattdessen ein Merkmal und übertrug es auf andere Eigenschaften. Wir neigen alle dazu, ein erkennbares Merkmal heranzuziehen, um auf nicht erkennbare Eigenschaften zu schließen.

Edward Lee Thorndike war Psychologe an der Columbia University und erforschte, wie Tiere lernen und wie Konditionierung ihr Verhalten beeinflusst. Thorndike untersuchte ein Phänomen, das er den „Halo-Effekt“ nannte, auf Deutsch auch

Überstrahlungseffekt. Er beschreibt den Vorgang, bei dem wir automatisch davon ausgehen, dass jemand, der in einer Sache gut ist, auch in anderen Dingen gut sein müsse. Der Halo-Effekt beschreibt einen Beurteilungsfehler, den wir in der Wahrnehmung anderer Menschen unbewusst begehen. Wenn wir einer unbekannten Person begegnen, die gut gekleidet ist, schließen wir möglicherweise darauf, dass sie wohlhabend, gebildet und erfolgreich ist, obwohl diese Eigenschaften nicht in direktem Zusammenhang mit der Kleidung stehen. Wir schließen von einem sichtbaren Detail auf andere Aspekte der Person, die für uns zu diesem Zeitpunkt verborgen sind.

Der Halo-Effekt tritt jedoch nicht nur in der Beurteilung von Menschen ein, sondern auch in der Bewertung von Produkten. Genau das machen sich Marken zunutze, wenn sie ihre Artikel in einer besonders schönen Verpackung anbieten oder in eine ansprechend dekorierte Vitrine stellen. Aufgrund des Halo-Effekts gehen wir unwillkürlich davon aus, dass eine Praline gut schmeckt, wenn die Verpackung ästhetisch gestaltet ist. Wer sich Mühe mit der Verpackung gibt, der wendet sicherlich die gleiche Sorgfalt bei der Herstellung der Praline selbst auf.

So gab es lange Zeit einen direkten Zusammenhang zwischen der Qualität eines Weins und der Ästhetik der Flasche. An einem einfach gestalteten Etikett konnte man erkennen, dass es sich um einen Wein von geringerer Qualität handelte. Hochwertige französische Weine trugen ein Etikett mit vornehmer Schrift und dem Abbild des Château. In den letzten Jahren findet man im Supermarkt Weine aus Spanien, die in einer aufwendig geprägten Flasche, umhüllt von einem goldenen Netz, angeboten werden. Die Inszenierung wirkt teuer, aber der Preis ist günstig. Der Halo-Effekt führt dazu, dass ich aufgrund der Verpackung den Wein als qualitativ hochwertig einstufe und ihn daher gern kaufe.

Umgekehrt kann die Verwendung einer minderwertigen Verpackung negative Folgen für ein ansonsten gutes Produkt haben. Die Konsumenten gehen irrtümlicherweise davon aus, dass es sich beim Inhalt um ein ebenso durchschnittliches Produkt handelt. In einem solchen Fall kann die Verpackung das Markenimage schädigen.

Der Assimilationseffekt, der auch als „Reflected Glory Effect" bezeichnet wird, ist ein faszinierendes Phänomen. Er beschreibt den Vorgang, bei dem ein neues Produkt zusammen mit einer bereits etablierten Marke beworben wird. Dies führt zu einer positiven Beurteilung des neuen Produkts, indem die Beliebtheit der bekannten Marke auf den neuen, unbekannten Artikel gewissermaßen abfärbt. Wieder einmal geht es um einen Irrtum oder, besser gesagt, um einen Beurteilungsfehler. Wissenschaftler nennen Beurteilungsfehler auch „kognitive Verzerrung". Menschen haben die Tendenz, ein Produkt besser zu beurteilen, wenn es in Verbindung mit einem bereits positiv bewerteten Produkt präsentiert wird. Marketingfachleute nutzen das durch sogenanntes Co-Branding, bei dem zwei Marken gemeinsam beworben werden. Ein anderer Ausdruck dafür ist Huckepack-Marketing.

In einer experimentellen Studie durften die Probanden zwei Sorten Schokolade probieren: Dabei handelte es sich um eine Standardmarke, die einmal allein und einmal zusammen mit dem Produkt einer Luxus-Confiserie angeboten wurde. Die Teilnehmer bewerteten die zweite Schokolade als wesentlich besser, obwohl die Zutaten identisch waren. Durch den Assimilationseffekt wurde die Wahrnehmung der Probanden manipuliert.

Die Kooperation zwischen Nike und Apple für die Entwicklung des Nike+iPod Sport Kits ist ein oft zitiertes Beispiel für den Assimilationseffekt. Die positiven Eigenschaften von

Nike im Bereich Sport übertrugen sich auf die iPod-Produktreihe und das Co-Branding war ein großer Erfolg. Später setzten die beiden Superbrands die Kooperation bei der Apple Watch fort. Auch ich wurde Opfer des Assimilationseffekts, als ich mir die Apple Watch Nike Edition besorgt habe.

Die maskierten Verführer

„Mimikry" beschreibt ein Phänomen, bei dem Tiere oder Pflanzen das Aussehen anderer Lebewesen nachahmen. Im Gegensatz dazu bezeichnet „Mimese" eine Form der Tarnung, bei der sich Lebewesen an ihre Umgebung anpassen.

Die Flügel vieler Schmetterlingsarten sind mit großen Augen verziert. Diese markanten Flecken mögen schön aussehen, sie erfüllen aber in Wahrheit eine wichtige Funktion. Die großen Augen sollen die Tiere um ein Vielfaches größer erscheinen lassen und so verhindern, dass sie zum Opfer von Vögeln oder anderen Räubern werden. Bei der Mimikry ahmen Tiere die äußere Erscheinung anderer Lebewesen nach, um sich unbemerkt unter diese zu mischen. In Ameisennestern halten sich bisweilen Tiere auf, die täuschend echt wie Ameisen aussehen, zum Beispiel die Ameisengrille. Sie ähnelt den Ameisen nicht nur in Größe und Farbe, sie vermag sogar den Duft der Ameisen nachzuahmen. Auf diese Weise verbringt sie ihr gesamtes Leben im Ameisennest, ohne von ihren Gastgebern erkannt zu werden.

Auch die Welt des Konsums ist von Mimikry durchdrungen – einer Täuschung, bei der ein Produkt das Aussehen oder die Eigenschaften eines anderen imitiert, um von dessen Beliebtheit zu profitieren. Mimikry ist nicht das Gleiche wie Produktfälschung, sie ist mitunter viel perfider. Wenn wir „Müsli" hören, denken wir an den Schweizer Frühstücksbrei aus Haferflocken, Körnern und Obst, der heute in der ganzen Welt verbreitet ist. Um die Jahrhundertwende ließ sich der Schweizer Arzt Maximilian Bircher-Benner vom Getreidebrei der Almhütten inspirieren. Als Leiter eines Sanatoriums in Zürich reichte er den Vollwertbrei seinen Patienten. Ursprünglich heißt es „Müesli", denn als Müsli bezeichnet man in der Schweiz eine kleine Maus. In Birchers Frühstücksbrei stecken bekanntermaßen viele komplexe Kohlenhydrate, Ballaststoffe, Vitamine und Spurenelemente. Allerdings ist Müsli aufwendig in der Herstellung und schmeckt nicht allen Menschen. Viele Frühstücks-Cerealien präsentieren sich als schnelle Alternative, indem sie die Ästhetik von Müsli nachahmen. Die Verpackungen zeigen frisches Obst, Nüsse und Körner und suggerieren so eine ausgewogene Mahlzeit. Spätestens beim Blick auf die Zutatenliste wird deutlich, dass diese Produkte meist reich an Zucker sind und wenig ernährungsphysiologischen Wert haben. Die Konsumenten geben sich der Illusion hin, dass sie ein gesundes Müsli zu sich nehmen, während sie tatsächlich Schokoladenbruch mit Milch löffeln.

Mimikry kann ganze Produktwelten betreffen. Die Produkte beliebter Marken werden besonders oft imitiert. Hier werden optische Ähnlichkeiten zu den Originalen genutzt, um Konsumenten anzulocken. Diese Strategie ermöglicht es, an der Beliebtheit anderer Marken zu partizipieren, ohne den Aufwand für Produktentwicklung und Markenaufbau betreiben zu müssen. Von der Verpackung über das Logo bis hin zum Produktdesign versuchen Imitationen, sich so nah wie möglich an das Original anzulehnen, ohne mit dem Gesetz in Konflikt zu kommen.

Als Apple im Jahr 2001 den iPod einführte, stand das Marketing des Unternehmens vor einer spannenden Herausforderung. Jeder iPod-Nutzer ist für die Marke ein wichtiger, kostenloser Werbeträger, vorausgesetzt, dass andere das Produkt sehen können. Wie sollten aber Passanten auf der Straße einen iPod erkennen, wenn das Gerät in der Hosentasche seines Besitzers steckte? Das Einzige, das für andere sichtbar blieb, waren die Kopfhörer. Allerdings waren diese Ohrenstöpsel viel zu klein, um das Logo erkennbar darauf zu drucken. Damals waren Kopfhörer grundsätzlich schwarz, also entschied Apple, genau hier anzusetzen. Man produzierte für den iPod weiße Kopfhörer, die auch ein wichtiges Element der Werbespots wurden.

Khoi Vinh war damals Design Director bei der *New York Times*. In seinem Blog „Subtraction" beschrieb er, wie diese weißen Kabel im Stadtbild von Manhattan täglich zunahmen. Khoi begann, die weißen Kopfhörer auf seinem Weg zur Arbeit zu zählen. Jeden Tag wurde die Zahl größer. Wir müssen bedenken, dass Apple mit dem iPod das erste erfolgreiche Gerät abseits der Computerwelt vorgestellt hatte. Apple galt damals noch als Außenseiter mit geringen Marktanteilen und war im Bereich der Musik ein Neuling. Auch war der iPod längst nicht der erste MP3-Player auf dem Markt.

Die wachsende Anzahl an weißen Kopfhörern, denen Khoi Vinh auf der Straße begegnete, erwies sich als effektiver Gradmesser für den wachsenden Erfolg des iPods und den Aufstieg der Marke Apple. Die weißen Kabel um den Hals wurden bald zum Statussymbol für urbane, stilbewusste Musikliebhaber. Es dauerte nicht lange, da begannen andere Anbieter, ihre Ohrhörer ebenfalls in der Farbe Weiß herzustellen, um von der Beliebtheit des iPods zu profitieren. So waren schwarzen Kopfhörer bald aus den Regalen und dem Stadtbild verschwunden. Dieser Fall von Mimikry in der Produktwelt ist nur einer von vielen. Apple ist dabei wohl die am häufigsten imitierte Technologie-Marke der Welt.

Nur wenige Jahre zuvor hatte Steve Jobs den kugeligen iMac vorgestellt, der sich in einem türkis-durchsichtigen Gehäuse präsentierte. Der iMac war der erste Computer, der als modisches Accessoire konzipiert war. In der Gemäldegalerie wie im Friseurladen stand die bunte Kugel stolz auf dem Tresen. Der iMac änderte das Image des Computers. Aber auch andere Produkte wurden von dem Hype mitgerissen. Ende der Neunziger gab es kein Haushaltsgerät mehr, das nicht im durchscheinenden bunten Plastikgehäuse steckte. Vom Bügeleisen bis zur Munddusche, alles wurde im iMac-Look angeboten. Mit dieser Form der Mimikry hofften die Hersteller, dass das Image des iMac auf ihre Produkte abfärbte.

Als Apple im Jahr 2007 schließlich das iPhone vorstellte, brach praktisch über Nacht der Markt für klassische Mobiltelefone ein. Samsung baute augenblicklich seine eigene Version des iPhones und der bis dahin regierende Marktführer Nokia wurde vom Markt gefegt, nachdem er gerade erst das beste Jahresergebnis seiner Geschichte eingefahren hatte. Plötzlich sahen diese Telefone alt aus und niemand wollte mehr auf kleine Bildschirme schauen und auf Plastikknöpfe drücken.

Erfolgreiche Produkte zu imitieren, war lange schon das Erfolgsrezept Nummer eins der asiatischen Produzenten. Warum auch nicht? Das zu tun, was am besten funktioniert, ist immerhin eine bewährte Überlebensstrategie. Der Bestseller-Autor Austin Kleon bricht in seinem Büchlein „Steal Like an Artist" eine Lanze fürs Imitieren. Er ermutigt eine ganze Generation, erfolgreiche Dinge nachzuahmen. Das hätten schließlich alle großen Künstler in der Geschichte der Menschheit so gemacht. Sogar in der Bibel steht, es gäbe nichts Neues unter der Sonne.

Warum rümpfen wir die Nase, wenn wir eine Nachahmung erkennen? Wieso sind uns Originalität und Einzigartigkeit so wichtig? Einen wesentlichen Beitrag dazu hat die Renaissance geleistet, die den Menschen aus dem Kollektiv herausgehoben hat und den Künstler vom Kunsthandwerker zum gottgleichen Schöpfer beförderte. Noch im Mittelalter war das Kunsthandwerk in der Hand von Gilden und Kunstwerke wurden in Kollektiven geschaffen. Werke sollten damals nicht originell sein, sie wurden aus Musterbüchern abgepaust. Erst mit der Renaissance kam die Idee auf, dass der Mensch ein einmaliges Individuum ist und jedes Kunstwerk eine einzigartige Schöpfung. Künstler wie Leonardo da Vinci und Michelangelo wurden nicht mehr als Handwerker, sondern als Genies betrachtet, die einzigartige Schöpfungen hinterließen. Ihr Stil und ihre Kompositionen wurden untrennbar mit dem Namen des jeweiligen Künstlers verbunden. Dies hat dazu beigetragen, dass wir heute in der westlichen Welt individuelle Leistungen und Originalität für wichtiger erachten als Werke, die von einer Gemeinschaft durch Weitergabe in einer Tradition geschaffen wurden.

Wir halten Originalität für wichtiger als Tradition

An anderen Orten der Welt wird Originalität anders bewertet. In vielen asiatischen Kulturen steht die Gemeinschaft im Vordergrund, auf Harmonie und Zusammenarbeit wird mehr Wert gelegt als auf die Errungenschaft eines Einzelnen. Die Lehre des Konfuzius betont die Einbindung des Menschen in eine größere soziale Struktur und der Daoismus strebt nach einem Gleichgewicht der Dinge. Eine Betonung von Originalität, wie wir sie in der westlichen Welt kennen, würde als künstlich und unnatürlich betrachtet.

Markenartikel als Ausdruck einer individuellen Identität sind eine Erfindung der westlichen Welt und ihrer Betonung des Individuums. Das brachte unserer Kultur den Zwiespalt zwischen dem Streben nach Individualität einerseits und unserem tief verwurzelten Bedürfnis nach Zugehörigkeit andererseits. Von frühester Kindheit an werden wir dazu ermutigt, unsere Einzigartigkeit zu entfalten und unseren eigenen Weg zu gehen. Der Imperativ der westlichen Kultur sagt uns, dass wir uns von anderen abheben sollen, um etwas Einzigartiges zu schaffen. Dieser kulturelle Druck führte nicht selten zu dem unerfüllbaren Wunsch nach Einzigartigkeit, dem unsere archaischen Instinkte gegenüberstehen.

Jetzt geht's ans Selbstgemachte

Es war Anfang der Neunzigerjahre und ich richtete meine neue Wohnung ein. Ich war dabei, mein erstes IKEA-Regal zusammenzubauen. Ich erinnere mich noch an die schwarz gebeizten Teile. Einer der Kästen hatte Türen, da wollte ich eine Bar vorsehen, denn ich fand, dass ein Mann eine Bar brauchte. Die anderen Kästen blieben offen, dort sollten meine Bücher, Platten, CDs und VHS-Kassetten Platz finden. Es war das erste Mal, dass ich eine eigene Wohnung einrichtete, und ich fand es sehr aufregend. Ich erinnere mich heute noch an den Film, der neben meiner handwerklichen Tätigkeit im Fernsehen lief. Fast scheint es, als verstärkte meine Aktivität die Erinnerung an diesen Film.

Manuelle Tätigkeiten sollen tatsächlich die Gedächtnisleistung erhöhen. In einigen fortschrittlichen Unternehmen liegen daher Lego-Steine auf den Besprechungstischen, mit denen die Teilnehmer während des Meetings spielen sollen. Es ist erwiesen, dass dies zu mehr Kreativität und zu besseren Ideen führt. Es gibt aber noch einen anderen Effekt, der mit dem Zusammenbau zusammenhängt, den sogenannten „IKEA-Effekt".

Das schwedische Möbelhaus IKEA begann in den 1950er-Jahren mit dem Verkauf von zerlegten Möbeln, wobei die Verantwortung für die Montage beim Käufer lag. Diese Strategie sollte Kostenvorteile für das Unternehmen bringen, im Laufe der Zeit aber stellte sich heraus, dass der Selbstbau auch die Bewertung der Produkte durch die Konsumenten maßgeblich beeinflusste. Es klingt einleuchtend, dass wir selbst gemachten Dingen einen höheren persönlichen Wert beimessen.

Erstmals erwähnt wurde der IKEA-Effekt in einer Studie aus dem Jahr 2011, die im *Journal of Consumer Psychology* veröffentlicht wurde. Die Autoren Michael Norton und Dan Ariely machten folgenden Versuch: Sie teilten eine Gruppe Studenten nach dem Zufallsprinzip in eine Baugruppe und eine Nicht-Baugruppe ein. Die Baugruppe sollte eine einfache Aufbewahrungsbox zusammensetzen, während die Nicht-Baugruppe eine bereits fertig zusammengebaute Box erhielt. Anschließend fragten Norton und Ariely die Teilnehmer nach ihrer Zahlungsbereitschaft für dieses Produkt. Weiters sollten sie auf einer 7-Punkte-Skala bewerten, wie gut ihnen die Box gefiel. Die Wissenschaftler stellten fest, dass die Teilnehmer, die ihre Boxen selbst zusammengebaut hatten, diese besser fanden und auch bereit waren, mehr dafür zu bezahlen als die Teilnehmer mit den fertigen Boxen. Auch hatten diejenigen, die ihre Boxen selbst gebaut hatten, eine stärkere Bindung zum Produkt entwickelt.

Der US-amerikanische Comedian Sebastian Maniscalco beklagte 2012 in seinem Programm „What's Wrong With People?" die Entwicklung, dass der Kunde im Handel inzwischen selbst die Arbeit machen muss: „Sie haben uns Selbstbedienungskassen aufgestellt und gesagt: Macht es doch selbst! Aber wieso arbeite ich jetzt im Supermarkt? Und niemand kennt sich aus, es herrscht totale Verwirrung. Wir wurden ja nicht an diesen Maschinen eingeschult. Die Mitarbeiter hatten dafür ein dreiwöchiges Training, aber wir müssen ohne die geringste Ahnung loslegen ..."

Wieso arbeite ich jetzt im Supermarkt?

Der Soziologe Gerd-Günter Voß veröffentlichte gemeinsam mit der Psychologin Kerstin Rieder im Jahr 2005 den Artikel „Der arbeitende Kunde". Die Wissenschaftler untersuchten, inwieweit Konsumenten zunehmend als unbezahlte Arbeitskräfte in betriebliche Funktionsprozesse eingebunden werden. Im Gegensatz zu früheren Zeiten, als die Kunden vom Unternehmen persönlichen Service erhielten, müssen sie heute vermehrt selbstständig handeln. Konsumenten sind zwar wesentlich autonomer und informierter als früher, allerdings sind sie mehr denn je in die Prozesse der Unternehmen einbezogen, ohne eine echte Wahl zu haben.

Für IKEA zahlt sich das sogar doppelt aus. Einerseits spart der Kunde als unbezahlter Mitarbeiter dem Konzern wertvolle Ressourcen. Andererseits schätzen Menschen Dinge besonders, wenn sie aktiv an ihrer Entstehung beteiligt sind. Dieses gute Gefühl führt dazu, dass IKEA-Kunden gern wiederkommen. Die Freude über die eigene Leistung beeinflusst die Bewertung eines Artikels, wie auch andere Studien belegen. In einem anderen Versuch fanden Sören Köcher von der TU Dortmund und Keith Wilcox von der Texas A&M University heraus, dass Auswirkungen der Eigenleistung weiter reichen als angenommen.

Personen, die Werkzeuge oder andere Gegenstände eigenhändig zusammengebaut hatten, erbrachten anschließend auch bessere Leistungen als jene, die vergleichbare Fertigprodukte verwendeten. Die Probanden, die ihren Golfschläger selbst zusammenschrauben mussten, hatten danach bessere Ergebnisse beim Golfspiel. Teilnehmer, die ihre Kugelschreiber zusammensetzen mussten, waren anschließend besser im Lösen von Rätseln. „Das eigenständige Zusammenbauen stärkt das Vertrauen in die eigenen Fähigkeiten", erklärt Köcher. Personen, die bereits ein Erfolgserlebnis haben, gehen mit mehr Selbstvertrauen an die nachfolgenden Aufgaben heran und bewältigen diese auch erfolgreicher. Dabei spielte es offenbar keine Rolle, dass der Zusammenbau sehr simpel zu bewerkstelligen war. Auch wenn der Golfschläger nur aus zwei Teilen bestand, steigerten die dazu notwendigen Handgriffe das Selbstvertrauen und die Leistung der Probanden.

Auch wenn es Ihnen vielleicht keinen Spaß macht, ein Billy-Regal oder ein Bettgestell zusammenzubauen, denken Sie daran, dass Sie das Produkt mehr schätzen werden, als wenn Sie es fixfertig kaufen. Darüber hinaus ist es wahrscheinlicher, dass Sie auch das nächste Mal wieder bei IKEA einkaufen.

Wollen wir manipuliert werden?

In den letzten Jahren, in denen ich an dem Modell der 10 Markentypen gearbeitet habe, führte ich gemeinsam mit Jasmin zahlreiche Interviews. Dabei gaben vier von fünf Teilnehmern an, dass sie keinen besonderen Wert auf Marken legten. In manchen Fällen traf dies auch zu. In anderen Fällen stellte sich heraus, dass sich unsere Interviewpartner rationale Begründungen zurechtgelegt hatten, um die Anschaffung von Markenprodukten zu rechtfertigen. Sie haben den Mercedes wegen der Wertbeständigkeit angeschafft, den Anzug von Hugo Boss wegen der besseren Qualität und die Schweizer Uhr war ein Geburtstagsgeschenk. Menschen mit höherem Bildungsgrad schienen eine größere Neigung zu haben, Anschaffungen von Markenprodukten herunterzuspielen. Sie mochten es weniger, auf ihre Marken angesprochen zu werden. Möglicherweise wollen sie von ihrer Umgebung nicht als oberflächlich oder prahlerisch wahrgenommen werden. In manchen Kreisen herrscht unter Männern die unausgesprochene Übereinkunft, dass man die teuren Markenartikel der Freunde ohne großes Aufsehen bemerkt. Frauen erweisen sich als kommunikativer, sie tauschen sich ausführlich über eine neue Anschaffung aus. Wir haben den Eindruck gewonnen, dass Menschen, die einen höheren Bildungsabschluss hatten, besonderen Wert darauf legen, als rationale Entscheider wahrgenommen zu werden, die sich nicht von den Verführungen der Marken beeinflussen lassen.

Wir wollen als vernünftige Entscheider wahrgenommen werden

Es gilt als erwiesen, dass wir fast jede Entscheidung auf emotionaler Basis treffen und anschließend Gründe für unsere Entscheidung finden. Mit großem Einfallsreichtum entwirft unsere Großhirnrinde für jede Entscheidung vernünftige Gründe, die einerseits zu unserem Selbstbild passen, andererseits von unserem Umfeld akzeptiert werden. Die Psychologin und Autorin Maria Konnikova geht sogar davon aus, dass Menschen, die eine hohe gesellschaftliche Stellung bekleiden, besonders anfällig für Manipulationen seien.

Der französische Betrüger Gilbert Chikli gilt als Erfinder einer Betrugsmasche, die als „CEO Fraud“ bekannt wurde. Der Ablauf bei diesen Betrugsfällen ist immer der gleiche: In der Buchhaltungsabteilung eines großen Unternehmens trifft ein E-Mail ein, dessen Verfasser sich als der Geschäftsführer ausgibt. Als dieser trägt er dem Mitarbeiter auf, eine wichtige Überweisung in Millionenhöhe zu tätigen. Sobald der Betrüger das Geld erhalten hat, überweist er es ins Ausland und schließt das Konto. Wenn der Betrug auffliegt, ist es meist schon zu spät. Aufgrund der Berichterstattung durchschauten immer mehr Firmen die Masche und Chikli musste sich einen neuen Trick einfallen lassen. Er gab sich nun als der französische Verteidigungsminister aus und „borgte" sich große Summen von hochrangigen Persönlichkeiten, angeblich für eine dringende Geiselbefreiung. Diese Masche funktionierte wesentlich besser und Chikli holte sich an die 50 Millionen Euro von einflussreichen Personen, darunter Aga Khan.

Gebildete Menschen und Personen mit hohem gesellschaftlichem Status gehen davon aus, dass sie eine Täuschung erkennen würden. Aus dem gleichen Grund halten sie sich für immun gegenüber den Verlockungen von Marken.

Werden wir von Marken manipuliert? Ja. Andere zu beeindrucken und zu verführen, ist Teil unserer Natur. Verführt zu werden, ebenso. Es scheint jedoch, dass jene Menschen, die sich dagegen immun wähnen, sogar leichter zu beeinflussen sind. Aus dem einfachen Grund, weil sie glauben, es nicht zu sein.

RELIGION

„Wir sind im Auftrag des Herrn unterwegs."

—Dan Aykroyd in „Blues Brothers", 1980

Wie die Kirche die Welt für die Marken ebnete, was Steve Jobs mit Jesus gemeinsam hat und warum wir kreativer sind, wenn wir einen Apfel sehen

Ich schlenderte durch die Hallen der Elektronik-Messe. Als Teenager fieberte ich mit der rasanten Entwicklung des digitalen Zeitalters mit und verfolgte gespannt die Einführung der neuesten Produkte. Waren es gestern noch Spielekonsolen wie die Atari 2600, die meine Freunde und mich beschäftigt hatten, so waren es jetzt die ersten Heimcomputer, die mein Interesse weckten. Ich betrat die Halle E der Messe. Zu meiner Linken hörte ich Bahnen von Endlospapier durch Nadeldrucker rattern, von rechts drangen die synthetischen Klänge eines Musikprogramms an mein Ohr. Plötzlich blieb ich stehen. Ich vergaß mit einem Mal alles, was ich bisher in den Ausstellungshallen gesehen hatte. Denn hier stand er vor mir, in seinem monolithischen Gehäuse, als hätten es die Götter dem Menschen zur Anbetung hinterlassen. Auf dem schneeweißen Bildschirm sah ich das Bildnis einer asiatischen Frau, die ihr langes Haar kämmte. Dieser magische Schrein wirkte auf mich, als hätten Leonardo da Vinci und Blaise Pascal gemeinsam ein Kind geboren und ich musste es besitzen.

Sechs Jahre später hielt ich ihn endlich in Händen, meinen ersten Macintosh. Anfangs saß ich einfach nur da und atmete den Geruch ein, den neue technische Geräte verbreiten. Mittlerweile blicke ich auf eine gemeinsame Zeit von fast 40 Jahren zurück, in denen die Geräte von Apple mir treue Begleiter waren, und wenn ich in meinem Bekanntenkreis erwähne, dass ich noch nie einen Windows-Rechner bedient habe, ernte ich skeptische Blicke.

Mein langjähriger Freund Björn hingegen hat wenig Sympathie für die Kultmarke aus Cupertino. Genauer gesagt hasst

Björn Apple. Björn ist begeisterter Skifahrer, den man ausschließlich im unberührten Schnee abseits der präparierten Pisten sieht. Apple hingegen ist der Inbegriff der präparierten Piste. Freiheitsliebende Menschen, die ständig neue Herausforderungen suchen, empfinden die komfortable Bedienung von Apple als Bevormundung und den begrenzten Zugriff auf das System als Einschränkung. Björn bezeichnet die Marke Apple daher oft als Religion.

Der österreichische Kabarettist Christian Hölbling hat vor Jahren seinem Publikum erzählt, warum er Apple für eine Glaubensgemeinschaft hält und Gründer Steve Jobs für deren Heiland. Der angebissene Apfel sei schließlich eindeutig ein Symbol aus der Bibel. Adam und Eva seien demnach die ersten Konsumenten, die Schlange wiederum eine mit allen Wassern gewaschene Marketingexpertin. Adam und Eva werden in dieser neu gedeuteten Geschichte zwar auch aus dem Paradies vertrieben, dafür haben sie aber jetzt das ganze Universum in ihrer Hosentasche.

Der niederländisch-deutsche Kabarettist Philip Simon führte den Gedanken weiter, indem er das „Vater unser" auf die Marke Apple umdichtete:

Apple unser im Himmel.
Geheiligt werde dein iPhone.
Dein Design komme.
Deine Handyordnung geschehe.
Wie in der iCloud, so auch auf Erden.
Unser tägliches WIFI gibt uns heute.
Und vergib uns unsere Fettfinger,
wie auch wir vergeben der schlechten Akkulaufleistung.
Und führe uns nicht ins Funkloch,
sondern erlöse uns von Microsoft.
Denn dein ist das MacBook,
das iPad und der iPod in Ewigkeit.
Update.

Die Marke Apple wird auch deshalb mit einer Religion verglichen, weil sie eine loyale Anhängerschaft besitzt: die „Apple-Jünger". Das Unternehmen präsentiert seine Produkte gern als Kultobjekte, indem es die Einführung jedes neuen Geräts mit einer Mystik erfüllt, die religiösen Ritualen ähnelt. Die Produkte selbst werden dabei als makellose Artefakte dargestellt. Apple fördert außerdem die Gemeinschaft von Anhängern, die sich mit den Werten und der Vision der Marke identifizieren, ähnlich wie bei Religionsgemeinschaften.

Dieses Kapitel möchte ich der Frage widmen, welche Parallelen Marken zu Religionen haben. Ich möchte herausfinden, ob die Merkmale der wichtigsten Religionsgemeinschaften auch bei den großen Marken zu finden sind. Ich blicke stolz auf zwei Jahre Kindergarten bei den Schulschwestern vom 3. Orden des heiligen Franziskus zurück, wo mir unter der strengen Leitung von Schwester Gottfrieda bereits im Vorschulalter alle wesentlichen Begriffe der Liturgie und des Katechismus nähergebracht wurden. Besonderes in Erinnerung geblieben sind mir die spannenden Geschichten aus dem Alten Testament und der Leidensgeschichte Jesu. Heute würde man die Evangelisten als „Content Creator" bezeichnen und sie für ihr gutes „Storytelling" preisen. Die Geschichten aus der Bibel verbreiteten sich auf der ganzen Welt, sie gingen „viral". Im Gottesdienst hört man sie wieder und wieder, eine Taktik, die wir im Marketing „Reposting" nennen. Die abenteuerlichen Geschichten der Bibel zogen mich als Kind schon in ihren Bann und beschäftigen mich bis heute. Wir wissen, dass starke Marken ebenfalls gute Geschichten haben, die sie geschickt zu inszenieren verstehen, aber sind Marken deshalb Religionen?

Glaube, Marke und Hoffnung

„Du sollst neben mir keine anderen Götter haben." Was Moses in seinem zweiten Buch „Exodus" unmissverständlich klarmachte, ist das wichtigste Gesetz aller monotheistischen Religionen. Die Grenze zum Vielgötterglauben ist dabei nicht immer eindeutig, denn die meisten Glaubenssysteme bestehen aus einer mehr oder weniger komplexen Hierarchie göttlicher Figuren. Der Buddhismus kennt neben Buddha viele andere Götter, die allerdings sterblich sind. Das Christentum hat uns mit der Dreifaltigkeit ganz schön ausgetrickst. Die Idee, dass Jesus nicht nur ein Prophet, sondern auch noch der Sohn Gottes sei, wurde auf dem Konzil von Nicäa von einer Art Marketing-Kommission beschlossen. Die Trinität ist dabei ein altes Motiv, die Römer hatten bereits die Kapitolinische Trias, die aus Jupiter, seiner Frau Juno und Minerva, Jupiters außerehelicher Tochter, bestand.

Die Idee der Patchwork-Familie scheint in Religionen weit verbreitet zu sein, auch Josef ist nur der Stiefvater von Jesus. Offenbar war es notwendig, das Familiensystem aufzubrechen, um die handelnden Figuren für wichtigere Aufgaben freizumachen. Walt Disney führte dieses Prinzip weiter, indem er sich in Entenhausen auf die Verbindung Nichte–Tante und Neffe–Onkel beschränkte, einerseits, damit die Dynamik der Kleinfamilie nicht die Handlung behinderte, andererseits, damit keine implizite sexuelle Konnotation entstand.

Apple hat uns eine Form des Eingottglaubens beschert

Inwieweit gelten diese Spielregeln für Marken? Auch Apple hat uns eine Form des Eingottglaubens beschert, indem der Tech-Riese seinen Kunden einen proprietären Standard aufzwang. Betriebssystem, Software und Kabelanschlüsse funktionieren nur mit den eigenen Produkten. Wer die Angebote von Apple nutzen möchte, wird so ermutigt, andere Geräte ebenfalls von Apple zu besorgen. Mein Vater hat es nie geschafft, die Samsung-Uhr mit seinem iMac zu verbinden, sodass er sich letztlich eine Apple Watch besorgen musste. In der PC-Welt hingegen hatten es die Verbraucher gleich mit mehreren Göttern zu tun. Microsoft, IBM und Lenovo waren aber nicht besser als eine monotheistische Dreifaltigkeit. Atheisten fühlen sich daher in einer Linux-Umgebung am wohlsten, in der es gar keine Götter gibt.

Jonathan Schulz ist Professor für Wirtschaftsgeschichte und Verhaltensökonomie an der George Mason University in Fairfax. Er erforscht, inwieweit die gesellschaftlichen Normen der westlichen Welt auf Entscheidungen der katholischen Kirche des Mittelalters zurückgehen. Schulz glaubt, dass ausgerechnet unser Sinn für Individualität, unsere persönliche Freiheit und Unabhängigkeit, Eigenschaften, die für die westliche Welt von heute prägend sind, erst durch die Kirche möglich wurden. In einem Artikel, den Schulz 2024 im Magazin *Science* veröffentlicht hat, argumentiert er, dass das Kirchenrecht bei der Entwicklung unseres modernen Bildes vom unabhängigen Individuum eine entscheidende Rolle gespielt haben könnte. Westeuropäer und ihre kulturellen Nachkommen in Nordamerika und Australien nehmen für sich in Anspruch, rational, individuell und unabhängig zu denken, zu leben und zu entscheiden. Das war jedoch nicht immer so. Bis ins Mittelalter bestand Europa aus Verbänden von Großfamilien. Die meisten Populationen umfassten patrilineare Clans, die durch Heirat von Cousins und Cousinen unter sich blieben und so den Besitz innerhalb des Clans hielten. Diese Familiensippen hatten jeweils ihre eigenen, spezifischen Regeln und Verhaltensnormen. Die Menschen definierten sich als Teil der Sippe und besaßen keine individuelle Identität.

Im Mittelalter sollte sich das drastisch ändern. Die katholische Kirche sprach ein Verbot der Verwandtenheirat aus, eine Regelung, die die sozialen Strukturen in Europa maßgeblich verändern sollte. Bereits zu Beginn des 16. Jahrhunderts waren die Großfamilienclans in weiten Teilen Europas verschwunden und die Kleinfamilie bestehend aus Vater, Mutter und Kindern hatte sich durchgesetzt. In weiterer Folge stieg das Heiratsalter an und es wurde üblich, dass jung verheiratete Paare einen eigenen Haushalt gründeten, statt wie früher im Verband der Großfamilie zu verbleiben. All dies, so die Studie von Professor Schulz, führte schließlich zu den Merkmalen, die heute für Europäer als typisch gelten: Individualismus und Unabhängigkeit. Eine Denkweise, die für andere Gesellschaften und Kulturen, beispielsweise in Asien, nicht typisch ist.

Das Selbstverständnis des Europäers als unabhängiges Individuum ebnete den Weg dafür, dass Menschen ihre persönliche, unverwechselbare Identität durch Kleidung oder Besitz zur Schau stellen. Statussymbole waren ursprünglich Monarchen, Adeligen und Geistlichen vorbehalten. Es waren Insignien von staatlicher, ständischer oder religiöser Würde. Diese Objekte – Krone, Ketten, Ringe oder Kleidungsstücke – waren mit Symbolen versehen oder wurden selbst zum Symbol. Im 16. Jahrhundert erlebte das Bürgertum einen beispiellosen Aufschwung und wohlhabende Bürger beschafften sich ihre eigenen Insignien, mit dem Zweck, Wohlstand und Bildung zu demonstrieren. Eines der ersten bürgerlichen Statussymbole war die Taschenuhr. Sie zeichnete ihren Träger als wohlhabenden, rationalen und fortschrittlichen Menschen aus. Besitz und Symbole zur Schau zu stellen, um Status zu demonstrieren, ist ein Brauch, der offenbar weit in die Geschichte zurückreicht.

Bald schon wurde Europa von einer weiteren religiösen Umwälzung erfasst: der Reformation. Martin Luther und seine Bewegung verbreiteten einen neuen Gedanken, der Europa aus den Angeln heben sollte und damit den Boden für die heutige Markenwelt ebnete. Im Jahr 1522 veröffentlichte Luther die erste Bibel in deutscher Sprache. Er nahm damit die religiösen Texte aus der Macht der Priester und legte sie in die Hände der Menschen. Mit einmal Mal konnte jeder Gläubige sein eigener Priester sein, die Bibel nach seiner eigenen Auffassung deuten und war nicht mehr auf die Organisation der Kirche angewiesen. Das war ein revolutionärer Akt, denn zum ersten Mal in der Geschichte der Menschheit wurde Spiritualität zu einem individuellen Akt, der keine Gemeinschaft brauchte. Der Dialog mit dem Göttlichen, ein Ritual, das in nahezu allen Kulturen der Welt ein kollektives Erlebnis darstellte, wurde zur Privatsache erklärt. Luther setzte damit einen weiteren bedeutenden Schritt in Richtung Individualisierung des Menschen. Dabei ist es sicherlich nur ein Zufall, dass die älteste noch erhaltene Taschenuhr dem zweiten großen Akteur der Reformation gehört haben soll: Philipp Melanchthon.

In der Schweiz entwickelte der Reformator Johannes Calvin seine eigenen Ideen, die den Grundstein für die heutige Marktwirtschaft legen sollten. Calvin war der Meinung, dass ein frommer Mensch sein Leben der Arbeit widmen sollte. Wer mehr arbeitete, verdiente mehr Geld und so war der wirtschaftliche Erfolg die logische Konsequenz eines gottesfürchtigen Lebens. Einen frommen Menschen konnte man also an seinem Reichtum erkennen. Im Gegensatz zu Luther hatte Calvin nichts dagegen, Geld gegen Zinsen zu verleihen. Damit hat er ganz nebenbei den Kapitalismus erfunden. Die Anhänger Calvins hießen in England Puritaner. Mit der „Mayflower“ segelten sie nach Amerika und legten dort den Grundstein für das Wirtschaftssystem der Vereinigten Staaten.

Symbole, Tempel und Visionen

Vom Inzestverbot der katholischen Kirche über Martin Luther bis Calvin: Wir haben drei große Verschiebungen im religiösen System Europas gesehen, die den Boden für die heutige Welt der Marken bereitet haben. Aber haben Marken dadurch Ähnlichkeiten mit Religionen? Ich möchte die wichtigsten Eigenschaften der Religionen mit denen der zwei großen Marken Apple und Nike vergleichen.

Als visueller Mensch beginne ich mit dem Symbol. Die drei monotheistischen Weltreligionen werden durch klare Symbole repräsentiert. Diese Zeichen sind sehr einfach, sodass sie in unterschiedlichen Darstellungsformen von Weitem erkennbar sind. Sie haben in den jeweiligen Kulturen viele Spuren hinterlassen. Das christliche Kreuz ist heute noch in den Flaggen der skandinavischen Länder zu finden, dazu in vielen Wappen wie dem von Wien oder Mailand. Der Davidstern geht auf das Siegel Salomons zurück und ist so einfach, dass er sogar als Gebäudeform verwendet werden kann. Er bildet zum Beispiel den Grundriss der Karlsruher Synagoge. Die Mondsichel war im Laufe der Geschichte das Symbol vieler Herrscher des Orients. Heute tragen 24 anerkannte Länder die Mondsichel in ihrer Flagge. Buddhismus und Hinduismus, die keine zentrale Gottheit in ihrem Zentrum haben, verfügen auch nicht über eindeutige Symbole. Der Buddhismus wird oft durch das Dharma-Rad dargestellt, ein Rad mit acht Speichen, die Buddhas „Edlen Achtfachen Pfad“ zur

Weisheit symbolisieren. Das Dharma-Rad ist Teil vieler Wappen, darunter der Flagge Indiens. Das Om-Zeichen wird oft als Symbol des Hinduismus angesehen. Es besteht aus Devanagari-Schriftzeichen und ist damit komplexer als die anderen vier. Dennoch sind alle diese Symbole einfach und leicht zu erkennen.

Die Logos von Apple und Nike sind ebenfalls sehr einfache Symbole. Ursprünglich hatten allerdings beide Marken den Firmennamen im Logo, das dadurch vergleichsweise komplex wurde und darüber hinaus an das lateinische Schriftsystem gebunden war. Als die beiden Unternehmen zu globalen Superstars aufstiegen, entfernten sie den Namen aus den Logos und übrig blieben die bekannten einfachen Symbole. Der Apfel ist universell und überall auf der Welt erkennbar. Auch Nike-Gründer Phil Knight wünschte ein einfaches Zeichen, das Bewegung und Geschwindigkeit vermittelte. Das Logo von Nike heißt „Swoosh" und symbolisiert die Flügel der Siegesgöttin Nike. Einfache Logos sind im Trend, spätestens seit die Apps auf unseren Smartphones nach simplen Zeichen verlangen. Sowohl die großen Religionen als auch die großen Marken verwenden einfache, universell verständliche Symbole. Hier besteht eine deutliche Übereinstimmung zwischen Marken und Religionen.

In allen Religionen finden wir sakrale Bauwerke. Diese geweihten Häuser werden als Aufenthaltsort der jeweiligen Gottheit verstanden. Auch Reliquien und Heiligtümer werden in solchen Bauten aufbewahrt. Daneben dienen Tempel zur Versammlung der Gläubigen, man trifft sich zum Gebet und zur Abhaltung von Ritualen. Solche Bauten fungieren außerdem als deutlich sichtbare Wahrzeichen des Glaubens im öffentlichen Raum, daher haben sie meist eine Sonderform und heben sich von den anderen Gebäuden der Umgebung ab.

Am 19. Mai 2001 wurde der erste Apple Store im Tysons Corner Center, einem Einkaufszentrum in der Nähe von Washington, D. C., eröffnet. Während der FC Bayern München an jenem Samstag als Deutscher Meister bestätigt wurde, standen Menschen Schlange, um den ersten Store zu bestaunen, der von Steve Jobs persönlich eröffnet wurde. Die Einwohner von Tysons hatten so etwas noch nie erlebt. Im Inneren eröffnete sich ihnen eine ausgeleuchtete Halle, die mit Möbeln aus hellem, gebürstetem Stahl und gefrostetem Glas eingerichtet war. Der Einstieg Apples in den Einzelhandel erschien zu diesem Zeitpunkt nicht unbedingt logisch. Apple verfügte über ein großes Netz an Vertragshändlern, vor allem aber hatte der Konzern nur vier Produktkategorien im Angebot, mit denen die große Fläche auf den ersten Blick gar nicht zu füllen gewesen wäre. Apple führte daher die „Genius Bar" ein, wo sich Kunden beraten lassen konnten. Später begann Apple, kostenlose Seminare und Gemeinschaftsveranstaltungen abzuhalten.

Bereits elf Jahre zuvor hatte Nike seinen ersten Store mit dem Namen „NikeTown" in Portland, Oregon, eröffnet. Auch hier war Gründer Phil Knight persönlich anwesend. Auf knapp 2.000 Quadratmetern begrüßte er die Besucher in einer Halle, die von Skulpturen bekannter Athleten gesäumt war. Diese waren für den Erfolg des Unternehmens von zentraler Bedeutung. NikeTown galt als völlig neues Konzept, es war ein innovativer Erlebnisraum für die Marke. Hier stand nicht mehr der Verkauf im Fokus, sondern das Erlebnis. Die Besucher konnten die Welt von Nike erstmals sehen und bestaunen. NikeTown sollte als Prototyp für andere Outlets des Sportgiganten auf der ganzen Welt dienen.

Apple Store und NikeTown weisen offensichtliche Gemeinsamkeiten mit sakralen Gebäuden auf. Es sind Landmarks mit Fernwirkung, deren Raumgrößen die eigentliche Verkaufsfläche um ein Vielfaches übersteigen. Wie bei Kathedralen haben die überwältigenden Hallen weniger funktionalen als vielmehr symbolischen Charakter. Hier sollen die Menschen Staunen und Ehrfurcht erleben. Im Gegensatz zu herkömmlichen Läden wurden in diesen Flagship-Stores die Produkte wie Heiligtümer und Reliquien ausgestellt. Die lebensgroßen Stauten der Athleten in NikeTown sind im Grunde wie Heiligenfiguren in einer Kirche. Apple hält Gemeinschaftstreffen und Seminare ab und an der Genius Bar findet eine moderne Art der Seelsorge statt.

Ich habe in meiner Untersuchung viele Parallelen zwischen Markenstores und Tempelbauten gefunden. Die Flagship-Stores von Apple und Nike haben sogar Gemeinsamkeiten mit Kathedralen. Es geht in diesen Hallen nicht nur ums Verkaufen, sondern darum, den Menschen die Möglichkeit zu geben, die Marke zu erleben und zu verehren.

Ein wichtiges Element jeder Religion bilden die Legenden über das Leben ihrer Gründer. Das gemeinsame Erleben dieser Geschichten stärkt und verbindet die Gläubigen und schafft ein starkes Gemeinschaftsgefühl. Meist wurden diese Geschichten in einem Buch zusammengetragen, das in der Folge selbst zu einem Heiligtum wurde. Diese Geschichten vermitteln den Gläubigen in erzählerischer Form moralische Werte und Handlungsanweisungen. Im Klosterkindergarten waren für mich die Legenden rund um Jesus sehr präsent. Die Geschichten haben mich damals sehr fasziniert, einerseits waren sie exotisch und voller übersinnlicher Begebenheiten, andererseits beschrieben sie elementare Lebensthemen wie Freundschaft, Vertrauen, Triumph, aber auch Verrat, Leid und Ungerechtigkeit.

Die Herkunft Jesu erscheint widersprüchlich. Einerseits stamme er aus einer Königsdynastie, andererseits soll er in eine arme Familie geboren worden sein, die sich keine Herberge leisten konnte. Manche Historiker meinen, Maria und Josef seien wohlhabend gewesen und haben in Bethlehem Immobilien besessen. Vielleicht gefiel den Autoren die Geschichte mit der armen Familie besser, sei es, um die spirituelle Reife Jesu zu begründen, sei es, damit die Gläubigen auf die Figuren leichter Bezug nehmen konnten.

Ganz anders verlief das Leben von Buddha, der tatsächlich als Sohn eines Königs geboren wurde. Mit 16 Jahren heiratete Siddhartha, wie er ursprünglich hieß, und lebte fortan in unbeschwertem Luxus. Irgendwann wurde ihm das zu viel, er legte alle Würden ab und kehrte nach einer Reihe von Jahren voll Askese und Meditation als religiöser Lehrer zurück. Es scheint, dass Einfachheit und Entsagung eine Voraussetzung für spirituelle Erleuchtung sind. Auch die Lebensgeschichten der sprichwörtlichen amerikanischen Millionäre beginnen üblicherweise am unteren Ende der sozialen Skala. Im Gegensatz zu Europa gilt es in der Kultur der Vereinigten Staaten als ehrbar, zumindest einmal vor dem Nichts gestanden zu sein. Ray Dalio, Gründer des weltgrößten Hedgefonds „Bridgewater", betont bei jedem seiner öffentlichen Auftritte, dass er nach einer furchtbaren Fehlinvestition bankrott war und sich 4.000 Dollar von seinem Vater leihen musste. Es ist eine allgemein verbreitete Annahme, dass erst Entbehrungen und die Überwindung großer Hindernisse zu Reichtum und persönlicher Reife führen.

Im Leben Jesu gibt es einen Zeitraum von mehreren Jahren, über die man nichts weiß. Manche Autoren der New-Age-

Bewegung, die fernöstliche Philosophien ins westliche Bewusstsein brachte, behaupteten, dass Jesus eine Reise nach Indien unternommen hätte. Hinweise darauf fänden sich in den vielen Parallelen zwischen seinen Ideen und den vedischen und hinduistischen Lehren. Steve Jobs, Mitbegründer von Apple, verbrachte während seiner College-Zeit ebenfalls einige Monate in Indien. Auch er interessierte sich für fernöstliche Philosophie, ernährte sich nur von frischem Obst und spazierte bei jedem Wetter in Sandalen über den Campus des Reed College. Jobs war ein Adoptivkind, seine leiblichen Eltern waren eine amerikanische Studentin und ein syrischer Einwanderer. Jobs selbst bewegte sich sein ganzes Leben lang zwischen einem asketischen Lebenswandel und dem Traum, ganz Großes zu bewirken. Jobs Lebensgeschichte weist deutliche Parallelen zu jener der Religionsstifter auf und inspiriert viele Apple-Anhänger.

Um der Kindestötung durch den Pharao zu entgehen, wurde Moses als Säugling auf dem Nil ausgesetzt. Gerettet und aufgenommen wurde er ausgerechnet von der Tochter des Pharaos selbst. Die Geschichte der Kindesaussetzung in Verbindung mit einem Orakel war ein beliebtes Muster und wurde für die Geschichten von Ödipus, Romulus und Remus wiederverwendet. Am Ende befreit Moses die Israeliten aus der Sklaverei der Ägypter. Steve Jobs wurde zwar nicht im Nil ausgesetzt, aber zur Adoption freigegeben. Manche behaupten, er befreite die Menschen aus der Dominanz der seelenlosen IBM-PCs.

Vor der Erfindung des Islam verehrten die arabischen Stämme eine Vielzahl von Gottheiten. Ein junger Mann namens Mohammed hatte die Idee vom Glauben an einen einzigen Gott. Da er nicht lockerließ, wurde er den Bewohnern seiner Heimatstadt Mekka bald lästig und sie planten seine

Ermordung. Mohammed gelang die Flucht nach Medina, wobei er fünf seiner engsten Freunde mitnahm. Dort entwickelte er die Gemeindeordnung von Medina, eine Art Regelwerk für eine Gesellschaftsordnung im Sinne einer neuen Religion, dem Islam. Nach einigen Kämpfen mit den alteingesessenen Machthabern setzte sich Mohammed schließlich mit seiner neuen Ordnung durch.

Das Leben von Steve Jobs ist wie die Geschichte von Jesus und Mohammed

Die Geschichte von Steve Jobs liest sich ganz ähnlich. In den 1980er-Jahren war Steve Jobs dem Vorstand von Apple lästig geworden. Er hatte zu viele verrückte Ideen und seine Entwicklungen kosteten das Unternehmen viel Geld. Jobs hatte gerade den Macintosh entwickelt, der sich nur schleppend verkaufte. 1985 wurde Jobs aus dem von ihm gegründeten Unternehmen vertrieben, wobei ihm fünf seiner engsten Mitarbeiter folgten. Mit ihnen gründete er die Computerfirma NeXT und entwickelte ein neues, innovatives Betriebssystem. Apple geriet inzwischen in eine Krise und so bat man Jobs zehn Jahre später reumütig um seine Rückkehr. Wieder bei Apple machte er NeXT zum neuen Betriebssystem für Apple und führte das marode Unternehmen an die Spitze der Tech-Branche.

Bei Jesus finden wir im Grund ein und denselben Plot: neue Idee, Verfolgung, Kreuzigung und Auferstehung. Dieses Muster, das in der Literatur und in Filmen immer wieder auftaucht, wurde von dem amerikanischen Literaturwissenschaftler Joseph Campbell als „Heldenreise“ bezeichnet. Eine Heldenreise beginnt laut Campbell mit der Berufung des Helden. Der Held, oft eine unterprivilegierte Figur, erhält den Auftrag, einen Drachen zu töten oder eine Prinzessin zu befreien, und macht sich auf die Reise. Anfangs geht es gut voran, doch dann häufen sich die Schwierigkeiten, bis sich unser Held in einer ausweglosen Situation wiederfindet. Durch einen glücklichen Einfall, die Hilfestellung eines neuen Freundes oder eines übernatürlichen Wesens schöpft er neue Hoffnung. Er kann die Schwierigkeiten überwinden und kehrt schließlich zurück, wobei er selbst eine Verwandlung durchlebt hat. Er ist jetzt reicher, mächtiger oder weiser als zuvor, hat einen Schatz oder die große Liebe mitgebracht. Geschichten wie Aschenputtel, Herr der Ringe und viele Märchen und Abenteuerromane verwenden diese archetypische Erzählstruktur. Es ist der Kreislauf, der in den kleinen und großen Anstrengungen unser Leben bestimmt.

Die Parallelen im Leben von Steve Jobs und dem der beiden Religionsstifter sind verblüffend. Geschichten in Form der Heldenreise bilden offenbar die mythologische Grundlage sowohl für Religionen als auch für Marken.

„One Vision" singen Queen im gleichnamigen Song aus dem Jahr 1985. Der Text ist beeinflusst von den Reden des Bürgerrechtlers und Pfarrers Martin Luther King Junior. King studierte Theologie und war als Pastor in einer Baptistenkirche tätig, bevor er als politischer Redner vor ein größeres Publikum trat. Er gebrauchte in seinen Reden oft religiöse Metaphern, wie zum Beispiel das Wort „Vision". Visionen waren lange dem religiösen Wirkungskreis vorbehalten. Meist handelte es sich um Erscheinungen einfacher Menschen, denen sich ein Heiliger, ein Engel oder – wenn man großes Glück hatte – die Gottesmutter selbst offenbarte. Oft wurde an solchen Orten eine Wallfahrtskirche errichtet. Noch vor wenigen Jahrzehnten hätte man verständnisloses Kopfschütteln geerntet, wenn man einen Unternehmer nach seiner Vision gefragt hätte. Dem ehemaligen Bundeskanzler Helmut Schmidt wird der Satz zugeschrieben: „Wer Visionen hat, sollte zum Arzt gehen."

Heute gilt die Vision als Grundvoraussetzung für die Gründung eines Unternehmens. Um das zu verstehen, müssen wir uns vor Augen halten, dass bis in die 1970er-Jahre die Nachfrage nach Gütern größer war als das Angebot. Ein Unternehmen, egal ob es Waren herstellte oder damit handelte, befriedigte einfach die Nachfrage. Visionen brauchte man dazu keine. Heute bewegen wir uns auf übersättigten Märkten. Wenn Sie eine Zahnpasta kaufen, können Sie aus dreißig verschiedenen Produkten wählen. Selbst im Discounter, der üblicherweise eine geringe Sortimentstiefe hat, zählte ich neulich 14 unterschiedliche Olivenöle. Im Bereich der Dienstleistungen ist der Wettbewerb so groß, dass die Auswahl schwerfällt. In fast allen Sektoren übersteigt mittlerweile das Angebot die Nachfrage bei Weitem. Die Gründung eines neuen Unternehmens oder die Entwicklung einer neuen Marke sind eigentlich überflüssig. Wenn Sie heute ein Unternehmen gründen, müssen Sie gleichsam eine Erscheinung haben. Sie müssen Ihr „Why" finden, wie der Management-Berater Simon Sinek empfiehlt. Die Überflusswirtschaft verschiebt das unternehmerische Handeln in eine spirituelle Sphäre, deren Stoff aus Visionen und mystisch aufgeladenen Geschichten gewebt ist.

Ein Mann mit einer großen Vision war Paulus von Tarsus. Eigentlich hieß er Saulus, aber Paulus gefiel den Römern besser. Er gilt als der eigentliche Erfinder des Christentums. Rund um die Geschichten des Wanderpredigers Jesus entwickelte er eine neue Religion. Seine Vision war einfach: Er wollte das Judentum, das grundsätzlich den Angehörigen des Volkes Israel vorbehalten war, für Nicht-Juden zugänglich machen. Er brachte damit eine Religion „for the rest of us" auf den Markt.

Steve Jobs' Vision klang sehr ähnlich. Sein Anspruch bei der Gründung von Apple war es, einen Computer herzustellen, mit dem alle Menschen leicht umgehen könnten, nicht nur auserwählte Programmierer und technisch versierte Menschen. Es sollte ein „Computer for the rest of us" sein, wie es in Werbespots hieß. Man könnte meinen, dass neu gegründete Religionen damals ein ähnliches Problem hatten wie Unternehmen heute: Es gab schon viel zu viele davon. Es waren bereits unzählige Gottheiten und Naturreligionen im Umlauf, oft hatte jedes Dorf und jeder Stamm seine eigene Version. Wer eine neue Religion gründen wollte, so wie Moses, Mohammed, Siddharta oder Paulus, der hatte es nicht leicht. Es gab keine Marktlücke und niemand interessierte sich für das neue „Produkt".

Die Menschen fanden es eher lästig und die etablierten Anbieter wollten den neuen Konkurrenten lieber heute als morgen tot sehen. Als Religionsstifter befand man sich auf einem gesättigten Markt und in einem harten Verdrängungswettbewerb. Hier waren Visionen, Markenbotschafter und effektives Storytelling ganz wesentliche Bausteine, wenn man sich seinen Marktanteil erobern wollte. Marken stehen heute vor der gleichen Herausforderung wie Religionen damals. Beide brauchen eine Vision, um auf einem gesättigten Markt Anhänger zu gewinnen.

Heilige, Propheten und Versprechen

Zia Poldina sah mich streng an. Ich war gerade 18 Jahre alt geworden und verbrachte ein paar Wochen bei meiner italienischen Familie. Poldina hieß eigentlich Leopoldina und war eine Cousine meines Großvaters. Seit ich denken kann, ging sie am Stock. Als Kind hatte ich ihr einmal erklären wollen, dass sie den Stock falsch herum hielt, denn ich wusste bereits als Kind besser Bescheid als die Großen. Schon damals hatte sie mich mit diesem strafenden Blick angesehen.

Poldina lebte in Lucca, aber sie kam regelmäßig aufs Land, wo sich alle Verwandten am Landsitz der Familie trafen. In diesem Jahr wurde beschlossen, dass ich im Kabinett hinter Poldinas Schlafzimmer nächtigen sollte. Alle anderen Zimmer waren aufgrund der anstehenden Feiertage belegt. Wahrscheinlich hatten sich meine Cousins und Cousinen rechtzeitig für andere Zimmer angemeldet, denn es herrschte allgemeine Einigkeit, dass die Kammer der Zia der Vorhof zur Hölle war.

Poldina sah mich streng an, mit einem prophylaktisch strafenden Blick, denn bei den jungen Leuten wusste man ja nie. Mit der einen Hand hielt sie ihren Stock fest umklammert, falsch herum, wie ich fand. Mit der anderen Hand deutete sie auf einen antiken Stuhl, auf dem ein Stoß aus ebenso alter Bettwäsche und zwei Handtüchern lag. „Se ti serve altro, te lo compri!“, stieß sie mit drohender Stimme aus, was so viel hieß wie: Wenn du sonst noch etwas brauchst, kauf es dir. Um ihre Worte zu unterstreichen, stieß sie mit dem Stock fest auf dem Boden auf, sodass ein Heiligenbild mit dem Porträt von Pater Pio aus ihrem Ärmel fiel. Schnell hob ich es auf, bevor sie ihre drohende Stimme neuerlich erheben konnte, und reichte es ihr. Schweigend nahm die Zia das Bild, steckte es in den Ärmel zurück und drehte sich mit einem energischen Schwung um, wobei sie sich wie ein Zirkel um ihren Stock drehte.

Heilige waren die Influencer ihrer Zeit

Der Kapuzinerpriester Pater Pio hatte sich im Jahr 1919 vermutlich mithilfe von ätzenden Substanzen die Wundmale Christi auf die Hände fabriziert. Er hatte frühzeitig die Macht der aufkommenden Fotografie als Marketing-Instrument erkannt und so gelang es ihm, einen Hype um seine Person auszulösen, die ihn, unbeschadet vieler Kontroversen, zum beliebtesten Heiligen Italiens machte.

Alle großen Religionen verfügen neben der eigentlichen Gottheit über eine Art Vorstand und eine Reihe von Mitarbeitern, die unterschiedliche Aufgaben wahrnehmen. Propheten und Prediger wie Mohammed, Siddharta oder Jesus übernahmen die ersten PR-Aufgaben des Start-ups. Sobald sie aber in einen gottähnlichen Status aufstiegen, waren sie zu verklärt, um den Menschen als unmittelbare Vorbilder zu dienen. Eine wichtige Rolle kam dann daher den Heiligen zu. Diese waren ursprünglich normale Menschen, die durch besondere Leistungen eine Art Influencer-Status erreichten. Solchen Persönlichkeiten kann man nacheifern und darüber hinaus kann man sich als Gläubiger einen ganz persönlichen Schutzheiligen aussuchen.

Heute haben Athleten die Rolle der Heiligen in der westlichen Welt weitgehend abgelöst. Sport als Massenphänomen nahm seinen Beginn um die Jahrhundertwende. Zu dieser Zeit wurden die meisten Fußballclubs gegründet und auch die Olympischen Spiele wurden nach einer Pause von 1.500 Jahren wieder eingeführt. Hatte Pater Pio die Macht der Bilder als Marketing-Beschleuniger zu nutzen gewusst, so waren Athleten spätestens mit dem Vormarsch des Fernsehens im Vorteil. Ihre Leistungen und Errungenschaften konnte man Live miterleben. So wurden neben den Sportlern auch deren Ausstatter berühmt.

Niemand verstand dieses Prinzip besser als Phil Knight. Der spätere Mitbegründer von Nike entwickelte in den 1960er-Jahren an der Universität Stanford eine Strategie zur Vermarktung von Sportartikeln. In seiner Masterarbeit präsentierte er ein Konzept, mit dem er die Vorherrschaft von Adidas und Puma brechen wollte. Seine Idee war es, bekannte Athleten und Spitzensportler als Werbeträger einzusetzen, da diese bereits Identifikationsfiguren besonders für Jugendliche waren. Mit der Gründung von Nike setze Knight dieses Konzept um.

Das Sponsoring von Spitzensportlern war allerdings nicht ganz neu. Erfunden hatten es die Brüder Dassler, wenn auch nicht ganz freiwillig. Adi und Rudolf Dassler teilten nach dem Krieg die Schuhwerkstatt ihres Vaters im fränkischen Herzogenaurach auf und führten fortan die zwei Firmen getrennt. Obwohl beide Unternehmen einander an der Hauptstraße gegenüberlagen, sprachen die beiden Brüder nie wieder ein Wort miteinander. Angetrieben vom Ehrgeiz, den anderen zu übertrumpfen, schufen die beiden in den kommenden Jahrzehnten die größten Sportmarken der Welt: Adidas und Puma. Bereits in den 1950er-Jahren, als die Athleten dahinterkamen, dass sie unbeabsichtigt als Werbeträger für die Schuhe auftraten, beschlossen sie, vom jeweiligen Hersteller Geld zu fordern. Wenn dieser ablehnte, überquerten sie einfach die Straße und sagten: „Von deinem Bruder bekomme ich 1.000 Mark, was zahlst du mir?“ Da die verfeindeten Brüder Dassler nicht miteinander sprachen, wurden sie von Sportlern und Funktionären gegeneinander ausgespielt.

Götter sterben nicht, Unternehmer schon. Steve Jobs erlag am 5. Oktober 2011 einer Krebserkrankung. Bei Apple wusste man, dass die stark auf Jobs' Person zugeschnittene Marke nicht ohne Gesicht bleiben durfte. Längst hatte man im Hintergrund den Chef-Designer des Unternehmens Jonathan Ive als Gesicht und Stimme von Apple aufgebaut. Einige Zeit hielt der Designer mit der sanften Stimme bei jeder Neuvorstellung eine ätherische Rede auf die Qualität des jeweiligen Produkts. Nach Jonathan Ives Abgang von Apple übernahm Geschäftsführer Tim Cook bei der jährlichen rituellen Developers Conference die Rolle des Predigers.

Designer, Visionäre und Athleten lösten die religiösen Heiligenfiguren weitgehend ab. Heute haben Nike und Apple ihre eigenen Heiligen und sind der Religion somit ein Stück ähnlicher geworden.

In vielen Religionen wird ein Leben nach dem Tod im Kreise einer vollkommenen Gemeinschaft in Aussicht gestellt, das den Gläubigen im Tausch gegen ein gottesfürchtiges irdisches Leben geboten wird. Mein Schwiegervater stammt aus dem Iran und beschäftigt sich mit dem Zoroastrismus, einer der ersten montheistischen Religionen der Weltgeschichte, die im alten Persien ihren Ursprung hat. Nach dem babylonischen Exil übernahm das Judentum viele Ideen aus dem Zoroastrismus, der zu jener Zeit die vorherrschende Religion war. Zu diesen Einflüssen gehörten die Idee von der Endlichkeit der Welt und das Konzept von Himmel und Hölle.

Vor einigen Monaten bestellte ich im Internet eine Tastatur für mein Tablet. Ich wollte auf Reisen schreiben, ohne den Laptop mitzunehmen, denn das Tablet ist leichter und kleiner. Allerdings benötigt man eine Tastatur, um längere Texte zu schreiben, und die Originaltastatur von Apple war mir zu teuer. Ich entschied mich für das Produkt eines Drittherstellers. Die Bewertungen waren sehr gut und auf den Fotos sah die Tastatur fast genauso aus wie das Original. Es stellte sich jedoch heraus, dass das Produkt schlecht verarbeitet war und der Tastenanschlag quietschte. Ich packte alles zusammen und schickte das Paket noch am selben Tag zurück. Im Marketing werden solche Situationen als „Moment of Truth" bezeichnet. Die Online-Bewertungen des Produkts und die wunderschönen Fotos bilden das Versprechen des Verkäufers. Ob das Versprechen erfüllt wird oder nicht, entscheidet sich, sobald man das Produkt in der Hand hält. Das ist der Moment der Wahrheit.

Im Gegensatz dazu sind die Versprechungen der Religionen so gestaltet, dass ihre Kunden den „Moment of Truth" nicht mehr erleben. Durch das Konzept eines Jenseits wurde die Erfüllung des Versprechens auf einen Zeitpunkt nach dem Tod „verschoben". Wenn jemand nach dem irdischen Leben wider Erwarten kein Paradies vorfindet, dann ist er nicht mehr in der Lage, schlechte Bewertungen im Internet zu hinterlassen. Heilsversprechen unterliegen keinerlei Einschränkungen und sind daher fantasievoll gestaltet. Alle Marketingfachleute beneiden die Religionen um diesen genialen Trick.

Doch die Marken holen auf. Wenn wir Nike-Schuhe kaufen, erwerben wir neben dem Produkt die Mitgliedschaft in einer Gemeinschaft von Auserwählten. Wir gehören dann – so das Versprechen – zum Kreis der Athleten, ganz egal, ob wir tatsächlich Sport betreiben oder nicht. Wenn wir ein Gerät von Apple kaufen, gehören wir damit automatisch dem Club der Kreativen an. Wer eine Harley kauft, wird automatisch Mitglied in einer Gemeinschaft von Auserwählten. Wann immer sich Menschen im Glauben um eine Marke versammeln, verschwimmen die Grenzen zur Religion.

Das Apple-Logo machte die Teilnehmer kreativer

Die Professoren Gavan Fitzsimons und Tanya Chartrand machten im Jahr 2008 an der University of Waterloo in Kanada einen Versuch, der diese transzendentalen Markenversprechen in einem ganz neuen Licht erscheinen lässt. Die 341 Teilnehmer des Versuchs wurden in zwei Gruppen geteilt und gebeten, kreative Lösungen mit Bausteinen zu entwickeln. In der Einführung wurde der ersten Gruppe für 30 Millisekunden das Apple-Logo gezeigt, der anderen Gruppe das IBM-Logo. Die Probanden der ersten Gruppe kamen nach dieser „Erleuchtung“ auf kreativere Lösungen, während die Ergebnisse der IBM-Gruppe deutlich konventioneller ausfielen. Mit einem Apple-Logo auf dem Laptop treten wir demnach nicht nur dem Verein der Kreativen bei, wir werden tatsächlich kreativer.

Der Versuch erinnert an die berühmte Episode aus dem Jahr 1957, als der Marktforscher James Vicary behauptete, den Verkauf von Coca-Cola im Kino ankurbeln zu können, indem er für einen Sekundenbruchteil während des Films „Trink Coca-Cola“ einblendete. Das Publikum sah diese Bilder nicht bewusst, soll aber in der Pause messbar mehr Limonade gekauft haben. Diese Geschichte wurde lange als Schwindel abgetan, seit dem Versuch von Fitzsimons und Chartrand wird sie wieder heftig diskutiert. Das Heilsversprechen von Apple, die Konsumenten zu kreativeren Menschen zu machen, ist jedenfalls nicht mehr ganz von der Hand zu weisen.

Marken wie Nike oder Apple bedienen sich ganz ähnlicher Methoden wie Religionen und Glaubensgemeinschaften: Symbole und Tempel, Visionen und Mythen, Propheten und Heilige, Gesetze und Heilsversprechen. Alles deutet darauf hin, dass einige Marken tatsächlich wie Religionen funktionieren. Apple und Nike jedenfalls scheinen – jedes auf seine Art – dieselben menschlichen Bedürfnisse nach Orientierung, Sinn, Gemeinschaft und Moral zu erfüllen.

Die 10 Markentypen

Die ganze Familie hing erwartungsvoll am Küchenfenster und blickte gespannt auf die Straße: Katharina, ihre Mutter und ihre Schwester. Der kleine Mischlingshund Bruno spürte, dass etwas Außergewöhnliches im Gange war, und hüpfte freudig auf und ab. Katharina lebte seit drei Jahren in Berlin und war zurückgekehrt, um das verlängerte Wochenende im Haus ihrer Eltern zu verbringen. Zu dritt warteten sie auf Thomas, Katharinas Freund aus Schultagen. Thomas sollte sie wie damals von zu Hause abholen. Die drei ließen noch einmal die

Erinnerungen aufleben, als Thomas vor vielen Jahren mit seinem Moped die Straße entlangkam, um Katharina abzuholen. Sie dachten noch einmal an die blaue Rauchwolke des Zweitaktmotors, die sich nur langsam über der Straße auflöste. Zwanzig Jahre war es her, seit Katharina ihren damaligen Freund zum letzten Mal gesehen hatte.

Plötzlich drang ein krachender Lärm von draußen in das eben noch ruhige Haus. Die Fenster vibrierten, Bruno bellte und sprang hin und her. Einen Moment später waren alle drei Köpfe wieder am Fenster. „Oh mein Gott, ist das peinlich!", hörte man Katharina rufen. In der Einfahrt stand ein blitzblauer Porsche 911 Carrera, der mit einem tiefen Gurgeln das Abschalten des Motors quittierte. Die Speichenfelgen glänzten in der Sonne und der Heckspoiler ragte in die Höhe wie das Schwanzgefieder eines Buchfinken, der sich aufplusterte. Durch die Windschutzscheibe leuchteten die roten Streifen der Sportgurte. Kurz darauf sahen wir Katharina auf der Beifahrerseite in den Schalensitz sinken. Wieder ein knatternder Lärm, die Fenster vibrierten. Dann waren sie weg und die blaue Wolke über der Straße löste sich langsam auf.

Thomas, so hörten sie am nächsten Tag Katharinas Bericht, war ein erfolgreicher Unternehmer. Er fuhr das Auto, mit dem er als Bub schon so gern gespielt hatte, und war damit rundum zufrieden. Thomas sei ein toller Mensch, meinte Katharina, wenn nur dieses Auto nicht wäre.

Warum rief dieses Fahrzeug bei Katharina so ambivalente Gefühle hervor? Warum urteilen wir so vehement über die Lieblingsdinge der anderen? Um das zu verstehen, haben Jasmin und ich die 10 Markentypen entwickelt. Wir wollten herausfinden, wieso Menschen so unterschiedlich auf Marken reagieren. In unserer Typologie verkörpert Thomas den Markentyp CHARLIE. Der bewundert neuartige Gadgets, er ist risikobereit und bevorzugt Marken, die Spaß und Adrenalin versprechen. Menschen vom Typ CHARLIE fühlen sich an den Grenzen zum Extremen wohl. Wenn sie sich einen Sportwagen kaufen, dann in einer bunten Farbe. Katharina hingegen verkörpert den Markentyp HOLLY. Für sie ist eine Marke dann liebenswert, wenn sie ein Geheimtipp ist und wenn sie von ihr selbst entdeckt wurde. Mit solchen Marken drückt Katharina ihre Individualität und Originalität aus. Die Zurschaustellung einer auffälligen Marke wirkt auf sie plump und unangenehm.

In diesem Abschnitt möchte ich Ihnen die 10 Markentypen im Einzelnen vorstellen. Es handelt sich um die erste Typologie, die bewusst nicht für Unternehmen oder Marketing-Fachleute gemacht ist, sondern für uns Menschen. Es existieren zahlreiche Werkzeuge, mithilfe derer ein Unternehmen seine Kunden besser verstehen lernt, um zielgerichtete Marketingbotschaften auszusenden. Solche Einteilungen beziehen sich auf das Konsumverhalten oder gesellschaftliche Milieus, andere wiederum stützen sich auf die Erkenntnisse des Neuromarketings, einer relativ neuen Disziplin, die Vorgänge im Gehirn des Konsumenten untersuchen will. Alle diese Methoden zielen darauf ab, Verkaufsprozesse zu optimieren und das Verbraucherverhalten besser vorherzusagen. „Die 10 Markentypen" sind das erste Werkzeug, das die Wirkung der Marken aus umgekehrter Sicht betrachtet: aus der Sicht der Konsumenten.

Die meisten von uns werden auf die eine oder andere Weise in unserem Kaufverhalten und in unserem Lebensstil von Marken beeinflusst. Dabei unterscheiden wir uns von unseren Mitmenschen nicht nur darin, wie wir Entscheidungen treffen und welche Marken wir bevorzugen. Abhängig von der Persönlichkeit haben Marken ganz allgemein unterschiedliche Bedeutung für unterschiedliche Menschen. Als wir diese Typologie entwickelten, ist uns aufgefallen, dass Menschen, die im Leben wenige, aber dafür sehr loyale Beziehungen pflegen, auch sehr wählerisch und vorsichtig in der Akzeptanz von Marken sind. Wettbewerbsorientierte und risikobereite Menschen hingegen suchen nicht nur Marken, die diese Eigenschaften verkörpern, sie wollen auch die Marke selbst erobern. Im Laufe unserer Arbeit kamen wir zu dem Schluss, dass wir Marken so sehen, wie wir selbst sind. Unser Verhältnis zu Marken weist dabei große Ähnlichkeiten mit unseren Beziehungen auf.

Die Grundlage unserer Arbeit an den 10 Markentypen waren – neben unserer langjährigen Erfahrung – verschiedene Methoden, die von Marketingprofis auf der ganzen Welt in ihrer täglichen Arbeit genutzt werden. Den 10 Markentypen liegen mehrere dieser Modelle zugrunde. Darunter gängige Verfahren zur Zielgruppen-Segmentierung, Neuromarketing-Frameworks, Erkenntnisse aus der Kaufpsychologie sowie zahlreiche aktuelle wissenschaftliche Studien aus der Hirnforschung.

Es war Jasmins Idee, Charaktere aus Filmen zu verwenden. Wir waren uns einig, dass wir einen leichten und spielerischen Ansatz verfolgen wollten. Außerdem macht es uns beiden Spaß, Bezüge zur Popkultur herzustellen. Durch den Gebrauch der Filmfiguren konnten wir uns die Typen auch viel leichter merken. Wir sprachen nur noch von MARY und FRODO, wer von unseren Bekannten INDY ist und wer SPOCK. Wir haben viele Interviews geführt und uns bei jeder Begegnung gefragt, mit welchem Typ wir es wohl zu tun hatten. „Typisch HOLLY“, riefen wir dann.

Mit bekannten Automarken lassen sich die Markentypen leichter erklären. Da sich die Modelle der verschiedenen

Marken in Design und Qualität nur noch wenig voneinander unterscheiden, liegen die größten Unterschiede in den Markenpersönlichkeiten. So spricht Mercedes-Benz – trotz seines sportlichen Engagements in der Formel 1 – durch sein traditionelles Image als Chauffeur-Limousine in erster Linie den statusbewussten Typ GORDON sowie den traditionsbewussten Typ MARY an. BMW hingegen adressiert sich mit dem Image der Sportlimousine an den abenteuerlustigen Typ INDY ebenso wie an den hedonistischen Typ CHARLIE. Volkswagen wird seit jeher vom familienorientierten Typ FRODO geschätzt. Der analytische Typ SPOCK ist Marken gegenüber skeptisch eingestellt und entscheidet sich eher für Skoda oder Opel. Der optimistische Typ AMELIE und der individualistische Typ HOLLY bevorzugen sympathische Autos und Retro-Design wie Mini oder Fiat Cinquecento. Audi hat sich im Laufe der letzten zwei Jahrzehnte als Marke etabliert, die fortschrittliche Technik mit distinguiertem Design verbindet, und spricht den progressiven Typ TONY an.

Bei alldem handelt es sich um Vereinfachungen, denn zwischen den Markenpersönlichkeiten der unterschiedlichen Hersteller gibt es zum Teil große Überschneidungen.

Jetzt wünsche ich Ihnen viel Vergnügen und spannende Einblicke mit den „10 Markentypen“.

Den Test finden Sie hier:

http://arminbonelli.com/markentypen

GORDON

Menschen vom Markentyp GORDON sind echte Performer: zielstrebig, ehrgeizig und wettbewerbsorientiert. Ihr Spirit treibt sie zu Höchstleistungen im Beruf oder im Sport an. Sie interessieren sich für Luxus und Statusprodukte, aber auch für die neueste Technologie.

Menschen wie GORDON bevorzugen Marken, die Status versprechen und Exklusivität und Prestige vermitteln. Sie dienen ihnen als Bestätigung des Erreichten und als Ansporn für neue Herausforderungen. Wenn sie einmal eine Marke gefunden haben, die ihren Ansprüchen an Status und Exklusivität entspricht, bleiben sie oft lange loyal gegenüber dieser Marke.

Vorbild für diesen Typ ist der Finanzmogul Gordon Gekko. Er ist die Hauptfigur in dem Film „Wall Street" von Oliver Stone aus dem Jahr 1987. Gordon, dargestellt von Michael Douglas, steht hier für den Typ des zielstrebigen Performers.

Alba saß neben mir auf dem Sofa und lachte laut. Sie hielt ihr Smartphone in der Hand und amüsierte sich bereits über die erste Frage. Alba begann ihre Karriere als Journalistin und machte sich bald durch ihre prägnanten Kommentare einen Namen. Dann wechselte sie die Seiten und wurde als politische Beraterin engagiert. Ihr beruflicher Weg führte sie schließlich ins Ausland, wo sie für eine internationale Organisation tätig war.

Jasmin und ich waren kurz vor Weihnachten zu einem Umtrunk bei Bekannten eingeladen, wo wir Alba wieder trafen. Wir saßen zusammen auf dem Sofa und ich konnte es nicht erwarten, Alba unseren neuen Online-Test zu zeigen. Ich tippte die Webadresse in den Browser ihres Handys und reichte es ihr. Wir glaubten zu wissen, welcher Markentyp

Alba war, und waren gespannt, ob das Resultat unserer Erwartung entsprach. Alba lachte laut, und das bereits bei der ersten Frage. Ich war zufrieden, denn der Tests sollte ja in erster Linie Spaß machen. Ich musste nicht fragen, warum Alba lachte, denn sie schüttelte den Kopf und las die Antwort laut vor: „Mit allen abstimmen, das fehlte mir noch!" Das Ergebnis lautete erwartungsgemäß GORDON und MARY.

In der Generation der Babyboomer war GORDON sehr häufig vertreten. Als Babyboomer werden die geburtenstarken Jahrgänge zwischen 1950 und 1965 bezeichnet. Diese Generation wuchs in einer Zeit wirtschaftlicher Stabilität auf und hat im Laufe ihres Lebens einige der größten technologischen Fortschritte der Geschichte miterlebt. Die Vertreter dieser Generation haben daher oft eine positive Einstellung zum Fortschritt, sie sind zielorientiert und schauen optimistisch in die Zukunft. Sie haben gelernt, dass harte Arbeit zu Wohlstand und Ansehen führen kann. Status und persönlicher Besitz sind den Babyboomern wichtiger als jüngeren Generationen. Viele dieser Werte finden wir auch beim Markentyp GORDON, und obwohl dieser Typ bei Babyboomern häufiger vertreten sein mag, finden wir ihn auch bei jüngeren Generationen. Menschen vom Typ GORDON kaufen gern in exklusiven Geschäften ein und besuchen gehobene Restaurants. Wenn sie doch einmal beim Discounter einkaufen, dann besorgen sie lediglich Produkte, die andere nicht zu sehen bekommen.

Menschen vom Typ GORDON sind ehrgeizige Performer, die sich durch Zielstrebigkeit und Wettbewerbsorientierung auszeichnen. Sie bevorzugt Marken, die Status und Exklusivität signalisieren. Marken dienen ihnen als Bestätigung des Erreichten und als Ansporn für neue Herausforderungen.

SPOCK

Menschen vom Markentyp SPOCK sind bedacht und unterziehen alle Dinge, Menschen oder Erkenntnisse einer strengen Prüfung. Sie sind diszipliniert und schätzen einen strukturierten Tagesablauf. Sie suchen nicht nach Abwechslung, auch Genuss spielt für sie eine untergeordnete Rolle. Bei ihren Kaufentscheidungen spielt daher das Bauchgefühl keine große Rolle. Gut ist, was seinen Zweck erfüllt.

Menschen wie SPOCK stehen Marken grundsätzlich skeptisch gegenüber. Haben sie aber einmal ein Produkt gefunden, das ihre Ansprüche erfüllt und deren Qualität eingängig von ihnen geprüft wurde, dann wird die Marke zum langjährigen Vertrauenspartner. Dennoch bleiben No-Name-Produkte und Eigenmarken der Supermärkte für sie eine willkommene Option. Sie erfüllen den Zweck und sind häufig ident mit teureren Markenprodukten.

Vorbild für diesen Typ ist Mr. Spock aus der Serie „Raumschiff Enterprise". Dargestellt von Leonard Nimoy, verkörpert Spock den logischen, überlegten Typ, der jede Entscheidung gut prüft und wenig für Spontaneität und Ablenkung übrighat.

Kerstin zog eine Mappe aus ihrer Tasche. Auf zwei A4-Blättern waren in großen Buchstaben die Punkte der Tagesordnung zu lesen. Jedem Punkt war ein Kästchen mit abgerundeten Ecken vorangestellt und er wurde mit Stichworten erläutert. Der Ausdruck schien aus einer Produktivitäts-Software zu stammen, die Schriftgröße hatte Kerstin so eingestellt, dass sie während ihrer Präsentation nicht durch das Auf- und Absetzen der Brille unterbrochen würde. Eigentlich hätte sie den Zettel nicht benötigt, denn sie kannte alle Punkte auswendig. Seit Kerstin die Leitung des Projekts übernommen hatte, gab es keine Pannen mehr. Fristen wurden eingehalten und die Kollegen waren immer am letzten Stand der Dinge, vorausgesetzt sie lasen die regelmäßigen Berichte, die Kerstin oft spät am Abend per E-Mail verschickte. Kerstin ist diszipliniert und gut organisiert. Wie die meisten Menschen vom Typ SPOCK ist Kerstin gegen Konsumlust weitgehend immun, spontane Käufe sind nicht ihre Sache. Ganz anders Kerstins Schwester Nele, die nie mit weniger als drei Taschen aus dem Shoppingcenter kommt. „Ich gebe es ohnedies wieder zurück", meint Nele dann entschuldigend, denn sie fühlt sich neben ihrer disziplinierten Schwester nicht ganz wohl.

Albert musste sich einen neuen Fernseher zulegen, und das bereitete ihm Kopfzerbrechen. Nicht, dass er Schwierigkeiten hätte, eine neue Nutzerführung zu erlernen. In seinem Beruf war er sogar damit betraut, Arbeitsabläufe von Softwarelösungen zu verbessern. Aber die Vorstellung, dass die Tasten der neuen Fernbedienung anders angeordnet sein könnten, erfüllte ihn mit Grauen. Seit zwei Monaten studierte er im Internet Vergleiche, Rezensionen und User-Bewertungen. So wie die meisten Menschen vom Typ SPOCK hat Albert einen hohen Anspruch an die Qualität seiner Entscheidungen.

Menschen vom Typ SPOCK sind disziplinierte Analytiker, die Produkte und Marken durch genaue Prüfung auf ihren Zweck hin bewerten. Obwohl skeptisch gegenüber Marken, entwickeln auch sie eine langfristige Bindung zu Marken, die ihre strengen Qualitätsstandards erfüllen.

MARY

Menschen vom Markentyp MARY haben ein Faible für Traditionen und schätzen Dinge aus der Zeit, als Qualität und Handarbeit noch selbstverständlich waren. Sie trennen sich daher selten von Produkten, die noch einwandfrei funktionieren. Geht es doch einmal an eine Neuanschaffung, prüfen sie jedes Detail ganz genau.

Marken dienen Menschen wie MARY als Rückversicherung, als Fels in der Brandung. Sie bevorzugen Marken, wo alles beim Alten bleibt. Oft sind es Marken, denen schon ihre Eltern vertraut haben. So kommt es vor, dass sie dasselbe Produkt wieder kaufen, wenn das alte in die Jahre gekommen ist. „In"-Produkte und Trendmarken interessieren sie nicht.

Vorbild für diesen Typ ist Mary Poppins, ein mit magischen Fähigkeiten ausgestattetes Kindermädchen aus der gleichnamigen Disney-Verfilmung aus dem Jahr 1964. Mary, gespielt von Julie Andrews, steht hier trotz ihrer ungewöhnlichen Einfälle für traditionelle Werte und die gute alte Zeit.

Als wir die Markentypen entwickelten, hatte ich bei diesem Typ ein Bild vor Augen, das dem wertkonservativen Bildungsbürger entsprach, der eine Biedermeier-Kommode besaß und Klassik-Radio hörte. Wir mussten allerdings feststellen, dass der Typ MARY wesentlich vielseitiger ist. MARY landete zu unserer Überraschung bei den Ergebnissen auf Platz zwei und die meisten der Teilnehmer hatten keine Biedermeier-Kommode. Wir sahen uns das Ergebnis genauer an und verglichen es mit dem Limbischen System, jenem Teil des Gehirns, das für Emotionen zuständig ist. Bei allen Menschen ist hier das Bedürfnis nach Balance am stärksten ausgeprägt und damit der Wunsch nach Stabilität und Kontinuität. Selbst Menschen wie ich, die einen überdurchschnittlich hohen Bedarf an Stimulanz haben, haben ein sehr hohes Bedürfnis nach Sicherheit und Stabilität. So gesehen sind wir alle ein bisschen MARY.

Vor einigen Jahren besuchte ich mit Simon ein Konzert der Heavy-Metal-Band „Metallica“. Simon ist Rollstuhlfahrer und ich war als Begleitperson im Ticket inbegriffen. Wir waren etwas zu früh in der Stadthalle und so bummelten wir noch durch die Gänge. Die Besucher, die langsam die Halle füllten, waren auffallend einheitlich gekleidet. Sie trugen alle schwarze Shirts mit Heavy-Metal-Motiv und ärmellose Jeansjacken mit aufgestickten Logos diverser Hard-Rock-Bands. Die Kultur dieser Gruppe hat sich seit gut dreißig Jahren nicht verändert. Auch die Performance der Band folgt vertrauten Mustern, die Gitarren sind zackig wie Blitze und der Refrain wird von Headbanging begleitet. Subkulturen wie diese entstanden ursprünglich als Gegenposition zum bürgerlichen Mainstream, doch mittlerweile sind sie selbst zu Bewahrern geworden und Heavy-Metal-Konzerte haben heute Ähnlichkeit mit Veteranentreffen.

Menschen vom Typ MARY sind bewahrenden Traditionalisten. Sie schätzen Überliefertes und trennen sich selten von funktionsfähigen Produkten, ob Biedermeier-Kommode oder Rock-Gitarre. Marken dienen ihnen als verlässlicher Anker, sie bevorzugen bewährte Marken mit traditionellem Erbe.

FRODO

Menschen vom Markentyp FRODO sind optimistische Teamplayer. Ihnen ist wichtig, dass es den Menschen in ihrer Umgebung gut geht. Freunde und Familie stehen bei ihnen ganz oben. Dabei haben sie einen ausgesprochenen Sinn für Gerechtigkeit und sind jederzeit bereit zu kämpfen, wenn Unheil droht.

Bei Marken suchen Menschen wie FRODO, wie auch sonst im Leben, nach lang anhaltenden Verbindungen. Dabei lieben sie Marken, die Harmonie und Zufriedenheit ausstrahlen. Man trifft sie selten ohne ein Geschenk in der Tasche – für Freunde, Familie oder Nachbarn.

Vorbild für diesen Typ ist Frodo Beutlin, eine der Hauptfiguren der Trilogie „Herr der Ringe", die ab 2001 nach den Büchern von J. R. R. Tolkien verfilmt wurden. Der Hobbit Frodo, dargestellt von Elijah Wood, steht hier für den Typ, der sich um die Gemeinschaft bemüht und für Gerechtigkeit einsteht.

Susanne kam aus der Küche. In ihren Händen hielt sie ein Tablett mit neun Prosecco-Gläsern und einem Körbchen mit Knabbergebäck. Für die Kollegen hatte sie zu jedem Glas einen kleinen Glücksbringer gelegt. Ihre Chefin hatte gerade den Vertrag mit einem großen Kunden unterzeichnet und Susanne fand, dass das ein Grund zum Feiern für alle war. Menschen wie Susanne sorgen nicht nur für die familiäre Atmosphäre im Büro. Sie können Bärenkräfte entwickeln, wenn ein Familienmitglied in Nöten ist oder jemand aus dem Freundeskreis Hilfe braucht. Als bei ihrem Ehemann Paul eine schwere Krankheit diagnostiziert wurde, mobilisierte Susanne alle Ressourcen. Sie organisierte die Termine zu den unterschiedlichen Untersuchungen und koordinierte die Besuchszeiten der Freunde und sorgte dafür, dass Paul die notwendige Pflege erhielt.

George Banks ist eine der Hauptfiguren aus den Geschichten von „Mary Poppins“ der australischen Schriftstellerin P. L. Travers. Zunächst sieht man George als strengen und distanzierten Vater, der in seine Arbeit vertieft ist und wenig Zeit für seine Kinder hat. Im Verlauf der Geschichte zeigt sich jedoch, dass hinter seiner steifen Fassade ein fürsorglicher Vater steckt. George erkennt schließlich den unschätzbaren Wert von Liebe und Familie. Mit Unterstützung des magischen Kindermädchens Mary Poppins lernt er, die Bedeutung der Familie zu schätzen und wird zu einem einfühlsamen und mitfühlenden Vater.

Der Vater im Film „Vater der Braut“ aus dem Jahr 1991 heißt ebenfalls George Banks. George ist erfolgreicher Unternehmer und hat Probleme, die Verlobung seiner Tochter Annie mit dem Yuppie Bryan zu akzeptieren. Anfangs zeigt sich George ablehnend, doch dann macht er eine Verwandlung durch. Er beginnt den Wert der Familie über seine Prinzipien zu stellen, indem er Annie und Bryan unterstützt und sich bemüht, ihre Hochzeitspläne zu verstehen. Als die Hochzeit zu scheitern droht, gelingt es ihm sogar, das junge Paar zu versöhnen. George erreicht eine neue Lebensphase, indem er sich als liebevoller und fürsorglicher Familienmensch erkennt.

Menschen vom Typ FRODO orientieren sich stark an Familie und Gemeinschaft. Obwohl dies oft als weibliche Eigenschaft angesehen wird, ist dieser Typ unseren Ergebnissen nach bei Frauen und Männern gleichermaßen vertreten, auch wenn es bei Männern in der populären Wahrnehmung zunächst einer Transformation bedarf.

ERIN

Menschen vom Markentyp ERIN setzen sich für eine bessere Welt ein. Ihr Engagement liegt oft im Bereich Umwelt, Klimaschutz oder Bürgerrechte. Sie sind konsumkritisch und hinterfragen die Dogmen unserer Gesellschaft. Sie greifen oft zu nachhaltigen Produkten, die unter fairen Bedingungen hergestellt wurden.

Menschen wie ERIN stehen Marken allgemein skeptisch gegenüber, sie kennen immer eine verlässliche Quelle für Fair-Trade Kaffee und Olivenöl-Seife ohne Mikroplastik und Konservierung. Dennoch haben sie meist die eine oder andere eingeschworene Marke, die ihre Werte repräsentiert und Inspiration für einen nachhaltigen Lebensstil bietet.

Vorbild für diesen Markentyp ist die Umweltaktivistin Erin Brockovich. Im Jahr 2000 wurde ihre Geschichte von Steven Soderbergh verfilmt. Erin, gespielt von Julia Roberts, verkörpert hier den konsumkritischen Typ, der für Bürgerrechte, Ökologie und Nachhaltigkeit eintritt.

Sein Blog heißt „Kopfstände". Der steirische Schokoladenfabrikant Josef Zotter ist der Aktivist unter den Unternehmern. Seit über zwanzig Jahren steht er in direktem Kontakt mit den Bauern in Nicaragua, Peru und Indien. Im Jahr 2004 stellte er das gesamte Sortiment auf fairen Handel um. Mit der Initiative „Zeichen setzen" führte er einen Spendenanteil bei seinen Produkten ein, mit dem unter anderem Schulprojekte in Südamerika und Afrika unterstützt werden. Mit seinem Engagement bewies er, dass unternehmerisches Handeln auch mit konsumkritischer Haltung und sozialer Verantwortung möglich ist. Zotter ist mittlerweile international etabliert und gehört seit 2015 zu den „Top 25 Chocolatiers" der Welt.

Ein wahrer Rebell unter den Unternehmern ist Heini Staudinger. Der Waldviertler Schuhfabrikant kommt aufgrund seines unkonventionellen Aktivismus regelmäßig mit den Behörden in Konflikt. „Ich halte mich an Gesetze, die einen Sinn haben", poltert der Unternehmer. Als er einen Kredit aufnehmen wollte, um seinen Betrieb zu modernisieren, blitzte er bei der Bank ab. Kurzerhand lieh er sich 2,8 Millionen Euro von Bekannten, was die Finanzmarktaufsicht auf den Plan rief, die ihm illegale Bankgeschäfte vorwarf. „Ich gehe, wenn's sein muss, ins Gefängnis", murrte Staudinger und zog bis vors Höchstgericht.

Den Prozess verlor er, aber er hatte den Boden für das Crowdfunding bereitet. Kurz darauf ersann Staudinger einen neuen Streich. Er wollte alleinerziehende Mütter in seinem Betrieb unterstützen, stieß sich aber an den hohen Lohnnebenkosten. Nach dem Vorbild von Red Bull, das sein Millionen-Engagement in der Formel 1 steuerlich absetzen kann, gründete Staudinger die „Formel Z", ein Sponsoring-Programm für Mitarbeiterinnen, bei denen Kinder auf Tretrollern um die Wette fuhren. Die Gagen der kleinen Rennfahrer kamen von Werbesponsoren und blieben steuerfrei, ganz wie bei den großen.

Menschen vom Typ ERIN sind konsumkritische Aktivisten. Sie können Berge versetzen, um die Welt besser und gerechter zu machen. Dabei können sie als Rebellen, Aktivisten oder Pioniere in Erscheinung treten, wie das Beispiel dieser Unternehmer zeigt.

AMELIE

Menschen vom Markentyp AMELIE haben eine weltoffene und optimistische Einstellung wie auch einen modernen Lebensstil. Produkte müssen für sie einen gewissen Anspruch haben. Genuss ist ihnen dabei wichtiger als Status. Sie streben nach einem Leben, das Raum und Zeit für Träume lässt. Verwöhnen und verwöhnen lassen, das ist ihr Motto.

Bei Marken geben Menschen wie AMELIE sich nicht mit dem Erstbesten zufrieden. Ihre Lieblingsmarken haben eine interessante Geschichte, sie haben Charakter und sind ästhetisch anspruchsvoll. Marken sind für sie Ausdruck eines sinnlichen und genussbetonten Lebensstils.

Vorbild für diesen Typ ist Amelie Poulin, die Hauptfigur des französischen Films „Die fabelhafte Welt der Amélie", der 2001 in die Kinos kam. Die liebenswerte und verträumte Amélie, gespielt von Audrey Tatou, steht hier für den Typ des weltoffenen, genussorientierten Optimisten.

Als wir die Markentypen entwickelten, waren wir überzeugt, dass AMELIE die größte Gruppe sein würde. Die Vertreter dieser Gruppe sahen wir als weltoffen, genussorientiert und interessiert an neuen Eindrücken. Menschen, die keinen so großen Wert auf Status legten wie GORDON, aber auch nicht konsumkritisch waren wie ERIN. Im Gegensatz zu SPOCK sahen wir ihn als nicht übermäßig diszipliniert und im Vergleich zu TONY weniger risikobereit. Während ein INDY eine Expedition nach Grönland unternimmt, trifft man AMELIE eher in einer Tapas-Bar an. Während bei HOLLY im Wohnzimmer ein Palisander-Sideboard von Finn Juhl aus den 1960er-Jahren steht, freut sich AMELIE über eine trendige Kommode von West Wing.

Wir dachten anfangs, dass AMELIE den Mainstream abbilden würde, doch wir irrten. Nach Hunderten von Tests erkannten wir, dass AMELIE mit knapp über sechs Prozent zu den selteneren Typen gehörte. Ich fühlte mich selbst als AMELIE und dachte irrtümlicherweise, dass ich ein Vertreter der breiten Mitte war. Obwohl der Test in erster Linie der Unterhaltung dienen sollte, empfanden wir uns dennoch als ernsthafte Forscher und es war mir ausgesprochen unangenehm, in diese Bias-Falle getappt zu sein. Ich war so betroffen, dass ich unsere ganze Arbeit an der Typologie infrage stellte.

Unsere Freunde Karin und Noah fahren regelmäßig nach Südtirol zum Törggelen. Sie wissen immer, wo man im Piemont die besten Trüffel bekommt und wo man im Languedoc authentisches Cassoulet essen kann. Noah ist zudem ein passionierter Koch und hat sich zu Hause eine kleine Profiküche eingerichtet. Karin bezieht den frischen Wildwasserfisch direkt bei einem Züchter im Mürzer Oberland, den die beiden bei einer kulinarischen Veranstaltung kennengelernt haben. Die freie Zeit nutzt das Paar für ausgedehnte Reisen, bei denen sie mit allen Sinnen in andere Kulturen eintauchen. Hin und wieder treffen wir Karin und Noah, natürlich zum Essen. Die Abende mit den beiden haben eine wunderbare Leichtigkeit.

Menschen vom Markentyp AMELIE schätzen einen weltoffenen, optimistischen und sinnlichen Lebensstil mit einem Fokus auf Genuss. Sie bevorzugen Produkte mit ästhetischem Anspruch und interessieren sich für die Geschichten hinter einer Marke.

HOLLY

Menschen vom Markentyp HOLLY sind kosmopolitische Individualisten, immer auf der Suche nach interessanten Entdeckungen. Sie haben einen modernen, oft unkonventionellen Beruf. Aber ihre Freiheit und die Lust, Neues auszuprobieren sind ihnen wichtiger als die Karriere. Sie sind oft unterwegs und an vielen Orten der Welt zu Hause.

Menschen wie HOLLY sind Trendsetter und entdecken Marken, die noch niemand kennt. Hier ein Paar skandinavische Sneakers, dort ein Pariser Vintage-Label. Sie sind Meister im Kombinieren und verblüffen ihre Umgebung immer mit ihrem Geschmack und ihrem Einfallsreichtum. Marken spiegeln ihre Identität wider und drücken ihre Unverwechselbarkeit aus.

Vorbild für diesen Typ ist Holly Golightly, die Hauptfigur des Films „Frühstück bei Tiffany" von 1962. Holly, gespielt von Audrey Hepburn, verkörpert hier den Typ des kosmopolitischen Individualisten.

Yolanda hat ihre neue Heimat in Paris gefunden, wo sie in einer gemütlichen Mansardenwohnung eines charmanten Altbaus im zehnten Arrondissement wohnt. Die französischen Fenster ihres Apartments bieten einen herrlichen Blick auf Montmartre, der die Atmosphäre in ihrem Zuhause unterstreicht. Yolandas Leidenschaft für einzigartige Fundstücke zeigt sich in der geschmackvollen Einrichtung, die sie mit Geschick auf Flohmärkten und in Second-Hand-Börsen entdeckt hat. Jedes Möbelstück und Accessoire ist sorgfältig ausgewählt und trägt dazu bei, dass das gesamte Ambiente einen Hauch von Raffinesse und Eleganz ausstrahlt. Wie die meisten Menschen vom Typ HOLLY hat Yolanda die Fähigkeit perfektioniert, unscheinbare Fundstücke zu einem harmonischen Ensemble zusammenzusetzen. Ihr Apartment ist nicht nur ein Ort zum Wohnen, sondern ein Spiegelbild ihrer kreativen Seele und ihres individuellen Stils. Das Zusammenspiel von Alt und Neu, von sorgfältig ausgewählten Vintage-Elementen und zeitgenössischem Design verleiht ihrem Zuhause eine ganz besondere Atmosphäre. Yolanda ist selbstständige Produkt-Designerin und arbeitet für Kunden auf der ganzen Welt.

Paul ist im Investment tätig. Nachdem er einige Jahre in Frankfurt gearbeitet hat, investiert er heute in FinTech-Startups. Paul genießt seine Unabhängigkeit und seine freie Arbeitseinteilung. Wie die meisten Menschen vom Typ HOLLY benötigt er ein hohes Maß an Autonomie und passt nicht in eine hierarchische Organisation. Paul könnte sein Büro im Prinzip an jedem Ort der Welt aufschlagen, wo es eine Steckdose und eine Internetverbindung gibt. Wenn ich ihn auf einen Kaffee treffe, muss er meistens um 15 Uhr los: „Die Börse in New York sperrt auf." Paul hat einen Sohn, mit dem er seine Vorliebe für Filmklassiker teilt. Seine Sneakers kauft Paul bei einem kleinen dänischen Label, dessen Geschichte er genau verfolgt. Wenn ich wissen möchte, wo eine neue Coffee Rostery oder ein vietnamesisches Pop-up-Restaurant aufgemacht hat, frage ich Paul.

Menschen vom Markentyp HOLLY sind kosmopolitische Individualisten, die Freiheit und die Lust auf Neues über Status und Karriere stellen. Als Trendsetter entdecken sie einzigartige Marken, die ihre Persönlichkeit widerspiegeln und ihre Unverwechselbarkeit ausdrücken.

CHARLIE

Menschen vom Markentyp CHARLIE sind extrovertiert und kommunikativ. Ihr Talent, Menschen zu unterhalten, macht sie zu perfekten Entertainern. Sie mögen Sportveranstaltungen, Autos und Unterhaltungselektronik. Für bürgerliche Werte haben sie ebenso wenig übrig wie für subtiles Understatement.

Menschen wie CHARLIE haben eine Vorliebe für Markenkleidung, das Logo darf auch schon mal größer auf das Shirt gedruckt sein. Sie haben eine Vorliebe für Automarken, die Sport, Spaß und Geschwindigkeit versprechen. Nur eines darf eine Marke nicht sein: langweilig.

Vorbild für diesen Typ ist Charlie Harper aus der Fernsehserie „Two and a Half Men". Charlie, gespielt von Charlie Sheen, verkörpert den perfekten Entertainer, für den Spaß an erster Stelle steht und der die Menschen unterhält.

„Nur noch einmal schlafen!" stand auf dem Posting, gefolgt von einem Dutzend Emojis, die Arme mit Bizeps zeigten. Die Vorbereitungen waren auf dem Höhepunkt und Matze nutzte die Pause für die letzten Aufrufe auf Social Media. Zum dritten Mal organisierte er das Event namens „Fiesta Blaster", die Party des Jahres, wie er selbst sagte. Matze hatte Namen und Konzept des Events selbst entwickelt, mit dem erklärten Ziel, den größtmöglichen Spaß mit den aufregendsten Leuten in der kürzestmöglichen Zeit zu haben. Dazu mietete er ein Ausflugslokal außerhalb der Stadt, wo keine Nachbarn das Geschehen störten oder sich davon gestört fühlten. Bei „Fiesta Blaster" gab es alles: drei DJs, eine Lasershow, ein großes Glücksrad und einen Pokertisch. Dem Flyer konnte man entnehmen, dass für Gäste, die in aufregenden Kostümen erschienen, der Eintritt kostenlos war. In den ersten Stunden würden Hostessen durchgehen und Shots anbieten, um die Stimmung aufzuheizen.

Matze kam eben mit zwei seiner engsten Freunde vom Getränkegroßhandel. Mit lautem Krakeel wurden die Kisten von der Ladefläche des gelben Dodge Ram abgeladen. Die acht Zylinder mit insgesamt 4,7 Liter Hubraum gurgelten beim Anlassen. „Ein Auto muss brummen", sagte Matze.

Matze ist der geborene Entertainer. In den letzten Jahren hat er eine äußerst erfolgreiche Event-Agentur aufgebaut. Wie fast allen Menschen von Typ CHARLIE fällt Matze das Verkaufen leicht. Seine Kunden lieben sein unkonventionelles Auftreten und seinen direkten Kommunikationsstil. Wo immer er auftaucht, verbreitet er Stimmung und gute Laune. Er versteht es, auch die ruhigsten Menschen in Stimmung zu bringen. Zart besaitet darf man in seiner Gegenwart allerdings nicht sein, denn der Grat zwischen Scherz und Unverschämtheit ist schmal und Feinfühligkeit zählt nicht zu Matzes Stärken.

Menschen vom Markentyp CHARLIE sind extrovertiert und kommunikativ. Ihr Talent, Menschen zu unterhalten, macht sie zu perfekten Entertainern. Sie haben eine Vorliebe für Sport, Autos und auffällige Marken. Ihr Stil ist oft extravagant und auffällig. Es gibt ein Wort, das in ihrem Wörterbuch nicht vorkommt: Langeweile.

TONY

Menschen vom Markentyp TONY sind progressive Individualisten. Sie brauchen immer wieder neue Eindrücke und sind auf der Suche nach neuen Erlebnissen. Sie sind Trendsetter und begeistern sich für innovative Neuheiten und noch nicht verbreitete Produkte.

Menschen wie TONY interessieren sich nicht für die Geschichte und Tradition einer Marke. Sie sind die Ersten, die die neuesten Gadgets, Luxusautos oder Designerkleidung ausprobieren möchten. Die Marke fungiert als Wegbereiter und Innovator. Markenloyalität spielt dabei keine Rolle.

Vorbild für diesen Typ ist Tony Stark, der Protagonist des Films „Iron Man", der 2008 von den Marvel Studios produziert wurde. Tony, gespielt von Robert Downey Jr., steht für Unabhängigkeit, Innovation und Risikobereitschaft.

Daniel stand zum ersten Mal vor einem Vorstandsgremium. Es war Anfang der Neunzigerjahre und der junge Informatikstudent gab sich siegessicher. Er hatte einen Trumpf im Ärmel, von dem die Manager im Publikum, die seiner Einführung gelangweilt oder abgelenkt durch das Inspizieren ihres Terminkalenders folgten, noch nichts ahnten. Daniels Kollege steckte jetzt den Computer an, den er mitsamt dem schweren Röhrenbildschirm in den Meeting-Raum geschleppt hatte. Ein kurzes Brummen, dann flimmerte in großer Hast Zeile um Zeile mit unverständlichen Zahlen und Symbolen über den dunklen Bildschirm. Jetzt erlosch der Schirm wieder und eine Tabelle erschien, die sich nicht mehr bewegte. Hin und wieder sprang eine einzelne Zahl in der Tabelle um, ansonsten hörte man nur das Brummen von Lüfter und Monitor. Im Publikum waren die Terminkalender wieder weggesteckt worden und neugierige Gesichter reckten sich empor. Bei den vorangegangenen Präsentationen wurden lediglich Pappkartons mit Flussdiagrammen gezeigt, Zeitpläne vorgestellt und Kostenrahmen diskutiert. Das hier war anders.

Daniel erklärte mit ruhiger Stimme, dass er und sein Kollege die Aufgabe bereits gelöst hatten. Die Köpfe im Publikum zeigten fragende Gesichter. „Das, was sie hier sehen, sind Echtzeitdaten." Daniel machte eine Kunstpause. Anschließend erklärte er, dass er mit einem Dutzend Produktionsstandorten verbunden war, deren Performance-Daten auf diesem Bildschirm sichtbar waren. Ein Manager in der ersten Reihe lockerte seine Krawatte. Daniel hatte im Arbeitszimmer seiner Studentenwohnung zwölf 56k-Modems stehen, mit denen die Produktionsanlagen über eine Telefonleitung direkt verbunden waren. Während die Präsentationen der vorangegangenen Bewerber nur Konzepte gezeigt hatten, war Daniels Lösung in großen Zügen fertig und funktionierte bereits. Die letzten Wochen hatte er zwar kaum geschlafen und in der Küche stapelten sich Pizzakartons, aber der Einsatz hatte sich gelohnt. Der Vertrag wurde noch in derselben Woche unterschrieben.

Menschen von Typ TONY sind ausgesprochen rar. Sie sehen die Zukunft, noch bevor andere die Geschehnisse der Jetztzeit begreifen. Bei Marken sind sie auf der Suche nach neuen Erlebnissen und innovativen Produkten.

INDY

Menschen vom Markentyp INDY sind furchtlose Abenteurer mit ausgeprägtem Forschergeist. Sie haben ein hohes Aktivitätslevel und suchen Herausforderungen, die neben der sportlichen auch eine kämpferische Komponente bieten. Sie sind risikobereit und haben eine Vorliebe für abenteuerliche Sportarten, aber auch für HighTech und Gadgets.

Marken bedeuten für Menschen wie INDY selbst schon eine Herausforderung. Sie wollen sich eine Marke verdienen, sie erobern. Die Marke fungiert als exklusive, umkämpfte Trophäe. Ihre Lieblingsmarken sind oft nur in ihrer Welt oder in ihrer Sportart bekannt.

Vorbild für diesen Typ ist der Archäologe Indiana Jones, der Held aus der gleichnamigen Abenteuerfilmreihe von Steven Spielberg, die 1981 an den Start ging. Indiana, gespielt von Harrison Ford, verkörpert den Typ des risikobereiten Abenteurers mit Forschergeist.

Björn sehe ich im Winter nicht oft, denn er ist fast jedes Wochenende auf Skitour oder beim Freeriden. Als typischer INDY interessiert er sich nicht für präparierte Pisten, er findet sein Glück im unberührten Tiefschnee auf abgelegenen Hängen. Letztes Jahr unternahm er sogar eine Expedition nach Grönland. Man könnte meinen, je mehr Hindernisse und Schwierigkeiten der Urlaub bietet, desto wohler fühlt er sich.

Neulich traf ich eine Geschäftspartnerin und bat sie, den Test zu machen. Auch bei ihr war Ergebnis INDY. Später erwähnte sie, dass sie das vergangene Wochenende in den Bergen verbracht hatte. Ich war gespannt, wie zuverlässig unser Test war, und fragte: „Freeriden?“ – „Was sonst?“, antwortete mein Gegenüber.

Sport und Outdoor-Aktivitäten sind ein wichtiger Bestandteil im Leben eines INDY. Die Begeisterung erstreckt sich dabei über ein breites Spektrum, von Abenteuersportarten bis hin zu naturverbundenen Aktivitäten. Menschen vom Typ INDY schätzen die Möglichkeit, an Orte vorzudringen, die für die meisten Menschen unerreichbar erscheinen. Sie lieben oft hochwertige Outdoor-Marken, die dem extremen Einsatz standhalten und einen Lebensstil repräsentieren, der sich abseits des Mainstreams bewegt.

Berndt und Sabine sind Vertreter dieses Typs. Sie haben ihre Jobs gekündigt und mit dem Ersparten ein Haus auf einer abgelegenen Insel gebaut. Von diesem Ort aus eröffnet sich ein atemberaubender Blick über das weite Meer. Der Weg zu ihrem Refugium ist alles andere als einfach. Auf der unwegsamen Schotterstraße benötigt man ein besonderes Navigationssystem und einen Geländewagen, der über die hohen Steine klettert, ohne aufzusitzen. Nachbarn gibt es keine und ihre Energie gewinnen Bernd und Sabine über eine Photovoltaik-Anlage, das Wasser kommt aus der eigenen Zisterne. Von hier aus unternehmen sie Ausflüge mit dem Mountainbike oder steigen die lange Holzstiege hinunter zum Strand, der von rauen Klippen eingefasst ist und nur von Individualisten besucht wird.

Menschen vom Markentyp INDY sind abenteuerfreudige Forscher mit einem hohen Aktivitätslevel, die sportliche und kämpferische Herausforderungen suchen. Marken sind für sie eine Trophäe. Sie bevorzugen Nischenmarken, die für Autonomie und extremen Einsatz stehen.